Johanna Zugmann
Karriere neu denken

Johanna Zugmann

Karriere neu denken

Ende, Wende, Neuanfang

ueberreuter

Die Kolumnen erschienen im Zeitraum von 2012 bis 2014 in der Tageszeitung „Die Presse".

1. Auflage 2015

ISBN 978-3-8000-7629-1

Covergestaltung: Saskia Beck, s-stern.com
Satz: Strobl, Satz·Grafik·Design, Neunkirchen
Druck und Bindung: Finidr s. r. o.

www.ueberreuter-sachbuch.at

Inhalt

Vorwort Johanna Zugmann . . . 7
Vorwort Dr. Werner Lanthaler . . . 10
Einleitung . . . 13

1
Globalisierung . . . 16

2
Die digitale Revolution . . . 21

3
Demografie und Veränderung . . . 32

4
Lebenslanges Lernen . . . 43

5
Frauen und Diversität . . . 47

6
Individualisierung der Karrieren . . . 58

Interviews
Trendforscher und Zukunftsdenker . . . 68
Harry Gatterer . . . 68
Dr. Franz Schellhorn . . . 74

Headhunter, Personalberater . . . 80
Mag. Martin Röhsner . . . 80
Dr. Georg Unger . . . 85
Dr. Gundi Wentner . . . 90

Interessensvertreter . . . 93
Dr. Johannes Kopf . . . 93
Mag. Christoph Neumayer . . . 100

Bildung 105
Dr. Katharina Chudzikowski 105

Digitale Revolution 112
Dr. Hannes Ametsreiter 112

Diversität 116
Willibald Cernko 116
Prof. Dr. Andreas Dombret 119

Expatriates 123
Dr. Cornelius Granig 123
Mag. Harald Hartung 129
Dr. Alexander Triebnigg 133

Kreativität, Kunst, Kultur 138
Mag. Max Hollein 138
Angelika Kirchschlager 145
Mag. Gudrit Brigitte Sixl 148

Neuorientierung 50 plus 151
Dr. Stefan Götz 151
DI Tina Reisenbichler 156
Dr. Veronika Zügel 161

Patchwork-Karrieren 165
Benedikt Schmidinger 165

Selbstverwirklichung 169
Dr. Karl Kleissner 169

Literaturverzeichnis 176

Vorwort Johanna Zugmann

Am 3. August 2014 erschien meine letzte Kolumne in der Rubrik „Karriere neu denken“ in der österreichischen Tageszeitung „Die Presse“. Ich dachte ans Aufhören. Nein, nicht ans Aufhören mit dem Arbeiten an sich. Aber mit dem Thema, mit dem ich mich 26 Jahre als Journalistin beschäftigt hatte; schreibend, als Moderatorin, als Vortragende, als Event-Konzeptionistin, als Netzwerkerin zwischen den erfolgsentscheidenden Personen: den Erwerbstätigen und den Arbeitgebern, Jobkandidaten und Headhuntern, Personalchefs und Interessenvertretern, Wissenschaftlern und Politikern. Als Journalistin 16 Jahre für die Tageszeitung „Der Standard“, zehn Jahre für „Die Presse“ und als Autorin von drei Sachbüchern[1] zum Thema Karriere. Ich gab meiner Abschiedskolumne den Titel „Das letzte Mal Karriere neu denken“, Untertitel: „Perspektivenwechsel für Sinnfindung und Selbstverwirklichung, Neukurs auf Gastrosophie“. Damit wollte ich dieses Kapitel schließen und mich fortan auf dem Weg weiterbewegen, den ich 2011 zu beschreiten begann: Ich hatte an der Paris Lodron Universität in Salzburg das Studium der Gastrosophie[2] begonnen und im Frühjahr 2014 mit dem Master abgeschlossen. Nebenher schrieb ich für verschiedene Zeitungen und Genießerpublikationen wie Falstaff und Complete Luxus Reise- und Kulinarikgeschichten.

Am ersten Werktag nach dem Erscheinen meiner letzten Kolumne fand ich eine sehr charmante Mail der Verlagsleiterin von Ueberreuter in meinem Posteingang. Sie fände es so schade, dass meine Kolumnen nicht mehr erscheinen würden und ob ich mir eine Art Kompendium aller meiner Kolumnen in Buchform vorstellen könne, schrieb mir Birgit Schott.

---

1 Die ICH-Aktie, FAZ Verlag, 2000

Karriereplan Wien, Falter Verlag, 2002

Bewerbungsberater Österreich, Ueberreuter Verlag, 2003

2 Die Lehre von den Freuden der Tafel, http://www.gastrosophie.at

Ich beschloss meine Kolumnen einzustreuen in ein mehrgängiges Gesamtmenü, bestehend aus:

- den wichtigsten Trends, die unseren Arbeitsmarkt beeinflussen und auf die nicht nur zu reagieren ist, sondern deren Auswirkungen möglichst proaktiv erkannt werden sollten: durch Weiterbildung, durch das Knüpfen der richtigen Netzwerke, durch den Erwerb jenes Toolkits, das uns flexibel reagieren lässt auf die sich immer rascher verändernden Rahmenbedingungen für unser Berufsleben.
- Interviews mit Persönlichkeiten, die Karriere nicht nur neu denken, sondern leben. Ausschlaggebend für die Wahl der Gesprächspartner war nicht deren Grad an Prominenz, Macht oder Reichtum, sondern deren inhaltliche Aussagekraft. Etwa zum Thema, wie sie an Prozesse herangehen, wie sie mit Scheitern umgehen, wie sie mit einem Leben als Expatriate oder Pendler zwischen Kontinenten mit Teilzeitehe beziehungsweise Familie zurechtkommen, wie sie als fünffache Mutter Märkte im Ausland aufgebaut haben und welche Talente sie als Personalentscheider suchen.

Dabei hat sich gezeigt: Das Thema „Karriere neu denken“ hat wenig mit zeitgeistigen Trends, aber viel mit eigenverantwortlicher und sinnvoller Lebensgestaltung zu tun. Karriere nicht als ein-, sondern als vieldimensionales Lebensprojekt zu verstehen und umzusetzen, ist die große Herausforderung. Vor allem angesichts der Tatsache, dass wir immer länger arbeiten werden. Heute sprechen Experten davon, dass wir an der Schwelle zur 100 Jahre-Lebenserwartung stehen. Arbeiten bis zum 80. Geburtstag und darüber hinaus, wenn es die geistige und körperliche Fitness erlaubt, kennen wir derzeit nur von Ausnahmepersönlichkeiten wie dem niederländischen Schauspieler und Sänger Johannes (Jopi) Heesters (letzter Auftritt mit 104 Jahren) oder dem legendären US-amerikanischen Architekten und Schriftsteller Frank Lloyd Wright.
Wenn wir schon bis ins hohe Alter arbeiten wollen oder auch müssen, dann mit Sinn und einer Werteorientierung und Unternehmenskultur, mit der man sich identifizieren kann.
Karriere in diesem Sinn neu zu denken wird auch in Zukunft wichtiger sein denn je. Mit einem Karrierekonzept, das den Kontostand zum Maß

aller Dinge macht, lässt sich weder für Menschen noch für Unternehmen Zukunft bauen.

Die Renaissance der Sinnfrage bewegt letztlich alle, Personalisten wie Karrieremacher. Der berufliche und persönliche Erfolg stellt sich dort ein, wo wir für etwas „brennen". Wo wir etwas bewegen wollen. Wo wir uns und anderen bei der Umsetzung von Zielen vertrauen.
Karriere neu und anders zu denken, eröffnet neue Perspektiven für Sinnfindung und Selbstverwirklichung.
Das vorliegende Buch soll eine Navigationshilfe durch immer volatilere und sich immer rascher verändernde Rahmenbedingungen für Ihre Karriere sein, Ihnen Anregungen zum Querdenken und Tipps zum Umdenken geben, falls sich der bisher beschrittene Weg als Sackgasse erweist, oder Sie das Gefühl haben, in Ihrer aktuellen Tätigkeit am Abstellgleis gelandet zu sein.
Wer an die Macht der Gedanken glaubt, zieht sich, wenn Altes endet, nicht mit einem resignierten „Das war's dann wohl" zurück, sondern wird aktiv im Bewusstsein „The best is yet to come!"

In diesem Sinne wünsche ich Ihnen viel Erfolg beim Einsteigen, Quereinsteigen, Umsteigen und Ende, Wende, Neuanfang!

Johanna Zugmann

Vorwort Dr. Werner Lanthaler

Vom Aufschrei zum Aufstieg – „Karriere neu denken"

Was war das für ein Aufschrei im Jahr 2000, als Johanna Zugmann und ich das Buch „Die ICH-Aktie" veröffentlichten: Als „maximale Neoliberalisierung der Arbeitswelt", „menschenverachtende Karrieresucht" oder gar als „weltfremd, denn so wird sich der Arbeitsmarkt sicher nicht entwickeln" wurde das als Ratgeber für die Arbeitswelt der Internetgeneration gedachte Buch kritisiert. Tatsächlich hat sich die Arbeitswelt noch viel schneller und viel radikaler weiterentwickelt, als es die damaligen Hypothesen aufzeigen konnten. Uns ging es nicht darum, recht zu haben, sondern auf etwas aufmerksam zu machen: Die Vorbereitung auf die individuelle Zukunftsfitness ist nach wie vor einer der größten blinden gesellschaftlichen Flecken. Angesichts einer erschreckenden Arbeitslosigkeit in vielen Teilen Europas, der strukturell völlig hilflose sowohl industrielle als auch staatliche Initiativen gegenüberstehen, ist der Zeitpunkt, „Karriere neu zu denken" gut gewählt.

Ist die These des US-Soziologen Jeremy Rifkin vom „Ende der Arbeit" tatsächlich Realität – und sind heutige Erwerbsbiografien schon bald eine antiquierte Minderheit?

Ist die Arbeitswelt von morgen eine, an der wir nicht mehr permanent teilnehmen können, sondern sind zukünftig die Proportionen zwischen Vorbereitung auf die Berufswelt und Wertschöpfung innerhalb der Arbeitswelt völlig zu redimensionieren?

Sind unsere Wohlstandsgesellschaft und die Idee von Arbeit für alle schon längst passé – und ist die Fokussierung auf das „Ich" die einzige Vorsorgestrategie für unsere Zukunft?

Diese fundamentalen Fragen hat sich Johanna Zugmann als Journalistin immer wieder gestellt und wöchentlich in ihren Zeitungskolumnen pointiert und punktuell beantwortet. Mit diesem Buch ist es gelungen, den Bogen weiter und zeitgemäß aufzuspannen.

Johanna Zugmann geht darin auf Trends ein, die sich vor 15 Jahren noch nicht in dieser Intensität abgezeichnet haben:

Internet beschleunigt ICH-Aktienhandel: Mit der Internetökonomie, die die Globalisierung noch viel rascher vorangetrieben hat, ist der globale „Krieg um die Talente“ heute ein noch viel entscheidenderer Kampfplatz für den Wohlstand von morgen. Wir haben zwar die Entwicklung von Internetmarktplätzen und völlig neuartigen Jobbörsen beschrieben, doch welche fundamentale Rollen Unternehmen wie LinkedIn, Xing oder Facebook haben können, sehen wir erst seit wenigen Jahren. „ICH-Aktien“ sind ist heute permanent online und werden auch permanent gehandelt. Handelsschwächen werden sofort registriert, doch vor allem hat sich der Markt komplett demokratisiert und Aufstiegschancen sind viel leichter und direkter greifbar als je zuvor. Und es werden nicht nur alte, bekannte Aktien gehandelt, sondern auch zukünftige Optionen sind sofort online.

Das alte Erziehungsmodell hat komplett ausgedient: Durch den demografischen Wandel stehen die Erwerbsbiografien von morgen in fundamentalem Konflikt mit allem, was die Wohlstandgesellschaft in den letzten Jahrzehnten an Vorsorgeprinzipien aufgebaut hat. Die Halbwertszeit von Wissen und die Notwendigkeit der Durchlässigkeit von Karrierepfaden stellt unser klassisches Schul-, Ausbildungs-, Wissenschafts- und Weiterbildungsmodell vor riesige Herausforderungen. Die Aus-und Weiterbildungszeiten, um jobfit zu bleiben, werden sich vervielfachen müssen. Dieser Appell kann nicht dramatisch genug ausfallen, denn die Sicherheitsillusion von heute berufstätigen Erwerbstätigen ist gigantisch. Dort, wo Mergers und Akquisitionen Organisationsstrukturen nicht permanent herausfordern, wird das in Zukunft immer wieder der Wettbewerb erledigen. Die geschützte Werkstätte gibt es nicht mehr, lebenslanges Lernen wird zum Überlebenstraining. Die völlige Ignoranz der Institutionen vor diesem Befund ist beängstigend, daher umso dringender die Bitte an alle „ICH-Aktien“, das Prinzip der Eigenverantwortung wahrzunehmen.
Durchschnitt ist Rückschritt: Die Schere zwischen „reich“ und „arm“ hat sich in den letzten Jahren dramatisch erweitert. Das ist nicht zuletzt die Konsequenz aus der Karriereförderung und den Karrierestartvorteilen jener Generation, die erkannt hat, dass Bildung individuelle Karrieren dramatisch beschleunigen kann. War der Zugang zu Bildung vor einigen

Jahrzehnten noch ein Privileg, so ist heute auch hier die Durchlässigkeit für alle sicher angestiegen.

Nur Durchschnittliches zu leisten, reicht jedoch schon lange nicht mehr aus. Positive Differenzierung aus der Masse ist das Wachstumsziel, das angestrebt werden muss. Gerade in Europa hat diese darwinistische Notwendigkeit zur Weiterentwicklung wenig Tradition, doch sie wird im globalen Wettbewerb absolut entscheidend sein.

Geld und Karriere sind nicht alles: Allzu oft wird der Gehaltsscheck eines großen Unternehmens als Wert und Währung einer ICH-Aktie missverstanden. Gerade in den letzten Jahren sehen wir einen sehr starken Trend zum individuellen Karrierepfad, der sich aus ganz bewusst gesetzten Akzenten innerhalb der einzelnen Karrierewege ergibt. Nicht aussteigen, sondern aufsteigen in den Sozialberuf, umsteigen in die Selbstständigkeit, weniger Stress statt mehr Geld als bewusste Entscheidungen zeigen Megatrends auf, die der Eindimensionalität von alten Ellbogenkarrieren eine gesunde Vielfalt entgegensetzen.

„Karriere neu denken" ist nicht nur ein Anliegen, ein Auftrag und eine Bitte, mit dem sich dieses Buch an Sie richtet. „Karriere neu denken" soll auch ein Weg sein, um Sie zu inspirieren und Ihnen Freude zu bereiten. Jedes Ziel kann nachhaltig nur erreicht und übertroffen werden, wenn es auch Freude macht. Erfüllung im Beruf ist möglich. Sollten Sie sie noch nicht gefunden haben – suchen Sie sie jetzt, es ist nie zu spät! Johanna Zugmann hilft Ihnen dabei, Ihre weitere Karriere neu zu denken und eigenverantwortlich zu gestalten.

Dr. Werner Lanthaler
CEO Evotec, Hamburg
Co-Autor Die ICH-Aktie, 2000 FAZ Verlag
Manager des Jahres 2014 (manager-magazin)

Einleitung

Warum Karriere neu denken?

Wer heuer oder in den nächsten paar Jahren eine Einladung zu einem 25-, 30-, oder gar 40-jährigen Firmenjubiläum eines Mitarbeiters erhält, sollte unbedingt hingehen. Der Grund: Solche Veranstaltungen sind bald Geschichte. Derzeit sind wohl die letzten Babyboomer[3], die noch mit einer Normalerwerbsbiografie[4] Karriere in nur einem Unternehmen gemacht haben, in Beschäftigung.
Zukunftsforscher prognostizieren, dass künftig jeder Arbeitnehmer fünfmal seinen Beruf und 22-mal seinen Job wechseln wird. Ende, Wende, Neuanfang: Das ist Normalität in den Karrieren von Gegenwart und Zukunft.

Trends, die uns bewegen

Die Frage, welche Perspektiven uns in den nächsten Jahren auf den Arbeitsmärkten erwarten, ist aktueller denn je. Wie werden sie sich entwickeln? Welche Branchen, Berufe und Tätigkeiten haben Zukunft und welche Qualifikationen werden nachgefragt? Wie wirkt sich der demografische Wandel auf die regionalen Arbeitsmärkte aus und was bedeutet das für den Einzelnen?

Die wichtigsten Trends, die den Arbeitsmarkt verändern:

- die Globalisierung der Wirtschaft und damit des Wettbewerbs: die Arbeitsmärkte werden internationaler, der globalisierte Wettbewerb wirkt sich auch auf Individuen aus, neue Haltungen und Entscheidungen zur eigenen Erwerbsbiografie sind nötig.

---

3 Menschen, die in den geburtsstarken Jahren nach dem Zweiten Weltkrieg und vor dem Pillenknick geboren wurden.

4 das kontinuierliche und abgesicherte Durchlaufen der drei Phasen des Arbeitslebens: einmalige Ausbildung, Erwerbsarbeit und Ruhestand ohne zwischenzeitliche Phasen von Arbeitslosigkeit.

- die digitale Revolution verändert Wertschöpfung und Arbeitswelt dramatisch. Starre Arbeitsplatzkonzepte lösen sich ebenso auf wie strenge Hierarchien, fixe Arbeitszeiten und -orte. Geleistet wird, wann es der Markt erfordert, oft rund um die Uhr, von wo auch immer – aus dem Büro, dem Flugzeug, von daheim oder auch vom Strand.
- der demografische Wandel: Belegschaften werden älter, der Innovationsdruck größer. Erwerbstätige sollen immer länger arbeiten. Steigenden Arbeitslosenraten in Europa stehen gleichzeitig Fachkräftemangel und ein „War for Talent“ um die bestausgebildeten Jungen gegenüber. Führungskräfte wie Mitarbeiter sind gefordert.
- Frauen: Sie sind mindestens so gut ausgebildet wie ihre männlichen Kollegen und beruflich am aufsteigenden Ast. Mit oder ohne Quotenregelung soll die „gläserne Decke“ bald Vergangenheit sein.
- Diversität: Mit den Gesellschaften werden auch die Arbeitswelten bunter und vielfältiger – das ist als Chance zu begreifen und zu nutzen.
- Bildung & Weiterbildung: Die Halbwertszeit des Wissens wird immer kürzer, vor allem in MINT-Bereich[5]. Die Globalisierung verlangt nach Karrieristen mit Auslandserfahrung und Fremdsprachenkenntnissen, der Abbau von Hierarchien nach Teamkompetenz und Führungskräften, die Teams moderieren und Freiräume für Innovation und Kreativität schaffen.
- Individualisierung: Megafusionen, Mergers & Acquisitions – in vielen Branchen bleibt kein Stein auf dem anderen. Die lebenslange fixe Anstellung ist bald endgültig Geschichte, ja sogar Kollektivverträge, die jahrzehntelang als sakrosankt galten, haben ihr Ablaufdatum erreicht, wie es in den vergangenen Jahren am Beispiel von Journalisten oder beim fliegenden Personal zu beobachten war. Erwerbstätige müssen selbst zu Regisseuren ihres (Berufs-)Lebens werden.

Die folgenden Kapitel zeigen Ihnen detailliert auf, was sich für die Zukunft der Arbeit schon jetzt abzeichnet, welche Trends sich fortsetzen und noch verstärken werden und bieten Ihnen Anregungen für den Umgang mit dieser Umbruchssituation.

---

5 Mathematik, Informatik, Naturwissenschaft und Technik

Vertrauen ist gut, Kontrolle teurer

Wer Stunden zählt, erntet Anwesenheit

Reinhard K. Sprenger, Philosoph, Vortragsredner, Trainer und Bestseller-Autor (Mythos Motivation) weiß es schon lange: Mitarbeiter wollen grundsätzlich leisten und nicht „tachinieren", man muss sie nur lassen.

Auch das Ende der Stechuhr wird in regelmäßigen Abständen seit mehr als einem Jahrzehnt herbeigeredet und -geschrieben. Dass sich Kontrollsucht sogar als kontraproduktiv erweist, ist nun akademisch belegt: Um die Wechselwirkung von Motivation und Leistung zu untersuchen, bildeten Michael Kosfeld von der Uni Zürich und Armin Falk vom Institut zur Zukunft der Arbeit (IZA) in Bonn für die Studie „Distrust – The Hidden Cost of Control" unter 144 Studenten 72 Paare, die jeweils einen virtuellen Chef und einen virtuellen Mitarbeiter repräsentierten. Ein Punktesystem symbolisierte Wertschöpfung, „Mitarbeiter" konnten erzielte Erfolge mit ihren die Vorgesetzten mimenden Kommilitonen teilen, diese wiederum konnten ersteren ein Plansoll vorgeben oder auch darauf verzichten.

„Chefs", die ihren „Mitarbeitern" keine Leistungsziele diktierten, erzielten die besseren Resultate. Die Mindestvorgabe von Leistungen wurde als Misstrauen interpretiert.

Die schlechtesten Ergebnisse zeigen halbherzige Kontrollen: Sie killen die Motivation und führen zu deutlichem Leistungsabfall, wogegen engmaschige Kontrollmöglichkeiten wieder Steigerungen herbeiführen.

Bleibt die individuell zu beantwortende Frage, ob sich der dazu nötige Zeit- und Geld-Aufwand rechnet.

I

Globalisierung

Wer heute durch eine der Luxusmeilen unserer europäischen Hauptstädte flaniert, findet immer wieder das gleiche Bild: In den beliebtesten Einkaufsstraßen schmiegen sich dicht an dicht Luxusmarken wie Chanel, Gucci, Prada, Dolce & Gabbana und Armani. Was man ebenso überall vergeblich sucht, wie einen lokalen Maßschuster oder -schneider, ist ein lokaler Delikatessenladen. Stattdessen findet man allenfalls noch einen Nordsee-Imbiss oder gleich McDonald's.

Die Gründe: Nach und nach haben Luxuskonzerne die klangvollen Namen aus Italien, Frankreich und Deutschland in ihre Holdings integriert. Einerseits. Andererseits konnten die kleinen Ladenbesitzer in den einzelnen Metropolen die steigenden Mieten in den Bestlagen nicht mehr bezahlen oder den verlockenden Angeboten der ausländischen Konzerne, für eine nennenswerte Summe Platz zu machen, nicht widerstehen.

Und in den Supermärkten? Auch hier ist das internationale Angebot eingezogen, wiewohl sich gerade der Handel im Nahrungsmittelsektor bemüht, trotz multinationaler Organisationen regionale Produkte anzubieten. Markennamen wie „Ja! Natürlich", „Zurück zum Ursprung" oder „Landliebe" heben die Regionalität des Angebots hervor.

Wer in Deutschland, der Schweiz oder Österreich ins Taxi steigt, ist fast so schnell mit der Internationalität verbunden, wie per Mausklick im Web: Die meisten Fahrer kommen aus aller Herren Länder, die wenigsten aus jenem, in dem sie gerade Gäste chauffieren. Und nicht selten sind es Akademiker, etwa der Arzt aus Kenia, der Politikwissenschafter aus dem Iran oder neuerdings die Mikrobiologin aus Griechenland, die aus politischen, wirtschaftlichen oder manchmal auch ganz persönlichen Gründen ihre Heimat verlassen haben, um im Ausland zu arbeiten.

Das sind die im Straßenbild und in den Läden jedermann zugänglichen Zeichen der Globalisierung wie die internationale Verflechtung von Wirtschaft, Politik, Kultur, Umwelt und Kommunikation durch Individuen, Gesellschaften, Institutionen und Staaten, wirtschaftlich wohl vor allem durch multinationale Konzerne, bezeichnet wird. Mit der Globalisierung verschärft sich der Standortwettbewerb zwischen den Staaten, der Wettbewerb der Dienstleistungs- und Güterproduzenten und der Wettbewerb der Individuen auf dem gehobenen Arbeitsmarkt (siehe auch Interview mit Franz Schellhorn, S. 74).

So haben zum Beispiel europäische Fluglinien schon vor mehr als einem Jahrzehnt ihre Buchhaltung nach Indien ausgelagert, und wer die Helpline eines deutschen Unternehmens anruft, könnte mit einer Person verbunden werden, die gerade in einem Callcenter in Südafrika sitzt.

Einem aktuellen Report der ILO (International Labour Organisation) zufolge geht der Trend weltweit weg vom dauerhaften, sozial ganz abgesicherten Vollzeitjob. Befristete Arbeitsplätze, Zeitarbeit, Teilzeit oder Werkverträge sind demnach auf dem Vormarsch.

Das ist die eine Seite der Globalisierungsmedaille. Die andere ist: Die Globalisierung führt sogar nach Ansicht der ILO auch zu positiven Entwicklungen. Zwei Drittel aller Stellen, die in den kommenden fünf Jahren entstehen, werden demnach zu den entlohnten Arbeitsplätzen im regulären Wirtschaftssektor gehören. Die Globalisierung bringt also nicht nur Herausforderungen, sondern durch ihr Wachstumspotenzial auch große Chancen für Unternehmen und Mitarbeiter.

Die Forscher des deutschen Zukunftsinstituts haben den „Megatrend Globalisierung"[6] und seine Entwicklung näher untersucht. Ihr Befund: Spätestens seit den 1990er-Jahren ist „Globalisierung" zum Alltagsbegriff geworden. Wie kaum ein anderer Indikator verdeutlicht die Entwicklung des Welthandels die Globalisierung und die Internationalisierung von Unternehmen und Märkten. Wenn auch seit den 1980er-Jahren gemächlich ansteigend, scheint die Zahl der weltweiten Warenexporte ab dem Jahr 2000 zu explodieren. Ein Rückgang aufgrund der Weltwirtschaftskrise ist 2009 deutlich zu sehen, aber bereits 2011 haben die weltweiten Warenexporte ein bislang nicht gesehenes Niveau von 18.209,9 Milliarden US-Dollar erreicht. 1970 waren es erst 317,1 Milliarden US-Dollar.

6 Megatrend Globalisierung, Zukunftsinstitut

Geringe Lust auf Afrika, China und Indien

Unternehmen wollen mehr Expatriates, hoch qualifizierte Mitarbeiter haben Vorbehalte.

Europas Wirtschaften schrumpfen, die BRIC-Staaten (Brasilien, Russland, Indien, China) weisen traumhafte Wachstumsraten auf. Naheliegend der Gedanke für jene Unternehmen, die hüben wie drüben präsent sind, das Zuviel an Mitarbeitern in Europa ins boomende Ausland zu entsenden.

Doch in der Praxis gestaltet sich dieses Unterfangen mehr als schwierig, wie das Beratungsunternehmen Ernst & Young mit seiner eben erschienenen Studie „Global Mobility Effectiveness Survey 2012" belegt. 520 internationale Unternehmen wurden befragt; Ergebnisse: Jeder zweite Konzern schickt mehr hoch qualifizierte Mitarbeiter in die Wachstumsmärkte. China und Afrika sind Topziele, aber die ausgesuchten Kandidaten haben Vorbehalte. Meist sind es familiäre Probleme, bei der Hälfte der befragten Unternehmen gab es auch Differenzen über Art und Höhe der Kompensationsleistungen und ein Drittel der Unternehmen berichtete von größeren Problemen wegen kultureller Unterschiede.

Ebenfalls bei einem Drittel tauchten Auseinandersetzungen um die Modalitäten der Rückkehr an den heimischen Unternehmensstandort auf der Agenda auf.

Mit finanziellen Anreizen wollen Unternehmen nun den Appetit auf beruflich bedingte Übersiedlung steigern. Zur exotischen Kost verdonnern wollen die Unternehmen aber niemanden. Schließlich sind nur motivierte und zufriedene Mitarbeiter sinnvoll auf Auslandspositionen.

Der Umsatz der weltweiten Warenexporte hat sich seitdem also fast um den Faktor 60 vervielfacht. Es handelt sich nicht mehr nur um eine Internationalisierung der Industrieländer, zeigen die Experten auf. 2011 machen die Schwellen- und Entwicklungsländer bereits 48 Prozent aus. Im Jahr 2000 lag ihr Anteil bei 34 Prozent, 1990 waren es erst 28 Prozent. Knapp die Hälfte aller Erträge der weltweiten Warenexporte fließt bereits heute in die „Nachzügler-Ökonomien" ein. Die Macht des Welthandels konzentriert sich nicht nur auf einen Ort. Eine Dezentralisierung der Märkte ist beobachtbar. Warenströme fließen in alle Richtungen, und es spannt sich ein Netz dezentralisierter Handelsplätze auf. Durch die Digitalisierung von Handelsgeschäften wird dies weiter verstärkt, so die Zukunftsforscher. Fazit: Die Globalisierung entwickelt sich kontinuierlich weiter. Es macht keinen Sinn, sich in eine Zeit vor der Globalisierung zurückzuwünschen.

Arbeiten im Ausland

Die positive Seite der Globalisierung im Hinblick auf den Arbeitsmarkt sind die fast grenzenlosen Karrieremöglichkeiten für gut ausgebildete, mehrsprachige weltoffene und mobile Erwerbstätige. Rekrutiert wird weltweit, schließlich gilt es, die besten Kandidaten für Schlüsselstellen zu finden und zu binden.

Unternehmen bieten in der Regel eine Menge Anreize, um Arbeitskräfte ihrer Wahl über die Grenzen hinaus zu exportieren oder eben auch zu importieren. Das beginnt bei speziellen, auf den Entsendungsort abgestimmten Ausbildungsprogrammen, einem Relocation-Service für die ganze Familie – inklusive Kindergarten- und Schulsuche, bis hin zu kulturellen und gesellschaftlichen Integrationsmaßnahmen. In der Regel steigen mit der Auslandsentsendung nicht nur das Einkommen, sondern auch die Karriereaussichten innerhalb des Konzerns. Garantiert ist allerdings außer der Horizonterweiterung nur wenig. Mitarbeiter dürfen zwar fast immer ihre Wunschdestinationen in der Human Resources-Abteilung deponieren. Unternehmen sind aber keine Reisebüros und daher landen die Talente oder Führungskräfte in der Regel dort, wo sie die Personalstrategie sehen will. Trotz Dienstwagen, Haus, Chauffeur und Putzfrau lebt es sich etwa in Lagos nicht unbedingt wie Gott in Frankreich. Sind die jeweiligen

Partner des künftigen Expatriates ebenso qualifiziert und müssten wegen der Versetzung eine interessante Position in der Heimat aufgeben, bieten fortschrittliche Konzerne oft Tandem-Karrieren an. Wenn das nicht der Fall ist, oder der Partner aus anderen Gründen nicht mitgeht – etwa weil die Kinder in einem Alter sind, in dem eine Umschulung problematisch wäre, oder weil ältere Angehörige zu betreuen sind – stehen Pendeln und Teilzeit-Familie am Programm. Und das oft für Jahre. Denn vor allem eines wird oft versprochen, gilt aber nur dann als garantiert, wenn es darüber eine schriftliche Vereinbarung gibt: Dass bei der Rückkehr in die Heimat eine adäquate Stelle angeboten wird. Informationen aus erster Hand zum Leben als Expatriate finden Sie in unter anderem in den Interviews mit:

- Alexander Triebnigg, dessen Karriere aus Österreich über Deutschland, Brüssel, Lissabon bis nach Brasilien geführt hat (S. 133).
- Cornelius Granig, der für multinationale Konzerne als Führungskraft in die CEE-Länder gegangen ist (S. 123).
- Tina Reisenbichler, die als fünffache Mutter drei Tage pro Woche in der Schweiz gearbeitet hat und für ein Telekommunikationsunternehmen ebenfalls die CEE-Märkte aufbereitete (S. 156).
- Veronika Zügel, die nach einem längeren Karriereaufenthalt als Vice President Human Resources von DSM aus New York zunächst nach Österreich zurückkam, um hier eine neue Stelle zu finden und letztlich in Liechtenstein gelandet ist (S. 161).
- Welche Kompetenzen und Qualifikationen Sie für eine Auslandskarriere prädestinieren, erfahren Sie im Interview mit dem international tätigen Executive-Searcher Georg Unger (S. 85).

2

Die digitale Revolution

Unter dem Begriff „digitale Revolution“ versteht man die vielschichtigen Umwälzungen, die die modernen Technologien seit Ende des 20. Jahrhunderts ausgelöst haben. Ähnlich wie die industrielle Revolution 200 Jahre zuvor haben Computer und Mobiltelefonie unsere Wirtschaft, unsere Arbeit, unsere Gesellschaft und unseren Alltag grundlegend verändert. Im Jahrzehnt nach der Jahrtausendwende wurden die weltweit gespeicherten Informationsmengen fast vollständig digitalisiert, was zu einer Informationsexplosion führte. Basierend auf dem Mikrochip brachte die digitale Revolution unter anderem die flexible Automatisierung der Produktion und den Aufbau weltweiter Kommunikationsnetzwerke, wie dem Internet, das die Welt zum Dorf machte. Ab den 1980er-Jahren zogen die Computer nicht nur in Forschungs- und Arbeitsplätze, sondern auch in die privaten Haushalte ein.

Der US-Ökonom Jeremy Rifkin wies schon Ende des vergangenen Jahrtausends auf die Entwicklung hin, dass menschliche Arbeitskraft sukzessive durch Computer beziehungsweise Roboter ersetzt würde. „Die meisten Arbeitnehmer in Transport- und Logistikberufen, dazu ein Großteil der Büroangestellten sowie die Arbeit in Produktionsberufen stehen auf dem Spiel“, prognostizieren Carl Benedikt Frey und Michael Osborne von der Oxford University. In einer Anfang 2014 veröffentlichten Studie haben sie die Zukunftsperspektiven von mehr als 700 Berufen nach der „zweiten Welle der Computerisierung“ untersucht. Kaum ein Berufs – vom Arzt über den Rechtsanwalt bis hin zum Koch und dem Tanzlehrer – sei von den Bestrebungen der Forscher und Softwareentwickler, ihn durch einen Roboter zu ersetzen, ausgenommen.

Roboter brauchen keinen Urlaub, allenfalls müssen sie einmal kurz zur Wartung, verlangen keine Gehaltserhöhungen und gründen auch keine Gewerkschaften. Schon jetzt zeichnet sich etwa am Berufsbild des Verkäufers ab, dass der Vertrieb durch Menschen die teuerste Form des Warenumschlags ist und die Entwicklung hin zu den Internethandelsplattformen

geht. Im Netz florieren aber auch Partnervermittlungen, Ernährungs-, Lebens- und Fitnessberatungen, Studienanbieter, Personalvermittlungen, Immobilien- und Autohändler.
Auch die Sharing Economy[7], die zum Beispiel neue Geschäftsmodelle wie airbnb, die Vermarktung leerstehenden privaten Wohnraums, höchst erfolgreich betreibt, wirbelt die gesamte Hotellerie durcheinander. Ein Trend, gegen den man vor Gericht ziehen kann, der sich aber kaum mehr rückgängig machen lässt, weil er dem aktuellen Zeitgeist der mündigen, weitgereisten und preisbewussten Konsumenten entspricht. Und diese stellen sich immer häufiger die philosophische Frage, wofür es sich wirklich lohnt, Geld auszugeben. Dazu auch das Interview mit dem Tiroler Softwareentwickler Karl Kleissner, der ins Silicon Valley ausgewandert ist, wo er zum Multimillionär wurde und heute mit Impact Investment einen Beitrag zur Verbesserung unserer Welt leisten möchte (S. 169).
„Die Einflüsse, die unsere Welt geformt haben, kommen aus der technologischen Entwicklung“, weiß Lynda Gratton, Professorin an der renommierten London Business School. Laut Gratton hat die Vernetzung von Milliarden Menschen weltweit und der Aufschwung der asiatischen Märkte unsere Arbeitsweisen nachhaltig verändert. Aufgrund des technologischen Fortschritts sind viele Tätigkeiten wegrationalisiert worden, die zuvor von Menschen ausgeübt wurden. Und die Globalisierung hat dazu geführt, dass wir weltweit mit anderen um Jobs konkurrieren. Die positiven und negativen Aspekte dieser Entwicklung würden sich in den kommenden fünf, sechs Jahren noch verstärken.
Gratton, die für ihr Buch „Job Future – Future Jobs“[8] in 200 Unternehmen auf der ganzen Welt die Zukunft der Arbeit recherchiert hat, zeichnet zwei mögliche Zukunftsszenarios: Im negativen Szenario nimmt die soziale Mobilität weltweit ab. Die schlecht ausgebildete Unterschicht hat keine Chance, auf einem globalisierten Arbeitsmarkt Erfolg zu haben. Diejenigen, die 2025 einen Job haben, sind mit sozialer Isolation konfron-

---

7 Frei nach der Devise „Ausleihen ist besser als besitzen“ organisieren sich Konsumenten via Internetplattformen, um Autos zu teilen, Sportgeräte oder Zelte zu verleihen.
8 Lynda Gratton, Job Future – Future Jobs, Wie wir von der neuen Arbeitswelt profitieren, 2012 Hanser Verlag

tiert. Ausbildung oder Beruf haben sie an Orte ohne familiären Anschluss gebracht. Gearbeitet und kommuniziert wird fast ausschließlich über den Computer. Und weil die Menschen rund um die Uhr erreichbar sind, zersplittert die Arbeitszeit wie die Freizeit. Eine Entwicklung, die sich schon seit einigen Jahren abzeichnet.
Im positiven Szenario für das Jahr 2025 ermöglicht das Internet den Menschen, Ideen weltweit schnell und effizient auszutauschen. Kleinstbetriebe werden für die Weltwirtschaft immer wichtiger werden, denn durch die globale Vernetzung hat auch das Mikrounternehmertum Zugang zu Geldmitteln, Innovationen und internationalen Märkten. Und: Die Arbeitswelt der Zukunft fördert Solidarität und soziales Engagement.

Verschmelzung von Arbeit und Freizeit

„Als wir begonnen haben, mit dem Handy unseren Beruf mit nach Hause zu nehmen beziehungsweise dort unsere Computer benutzt haben, hat sich die Arbeit grundlegend verändert“, meint Gratton. „Sie hat sich zersplittert, weil Kommunikationstechnologien uns und andere permanent erreichbar machen. Dadurch hat sich die Zeit, die wir einer Aufgabe am Stück widmen können, reduziert. Das tut den Menschen nicht gut. Wir brauchen Zeit, um nachzudenken, um uns zu konzentrieren und um Ideen zu entwickeln.

War bis dato die Welt der Büroarbeit weitgehend durch starre Arbeitszeiten, fixe Orte und zentrale Unternehmensstrukturen bestimmt, so entsteht durch die Flexibilisierung dieser Parameter auch eine Vielzahl von neuen Arbeitsmöglichkeiten. Im „flexiblen Büro“ sind Arbeitsplätze nicht mehr bestimmten Mitarbeitern zugeordnet. Was schon vor zwei Jahrzehnten in internationalen Consulting-Unternehmen begann, setzt sich zunehmend auch in anderen Branchen durch: Mitarbeiter checken für eine bestimmte Zeit – Stunden oder Tage – im Büro ein, holen sich an der Rezeption ihren Trolley mit den eigenen Unterlagen und lassen sich dort nieder, wo gerade ein Platz frei ist. Das flexible Büro ist gleichermaßen Resultat der Globalisierung, in der immer mehr Mitarbeiter einen großen Teil ihrer Arbeitszeit auf Reisen sind, wie der Technologie, die ortsunab-

hängiges Arbeiten – Stichwort „Telearbeit“ und „Homeoffice“ – ermöglicht.
Nicht nur starre Arbeitszeiten an festgelegten Orten sind Auslaufmodelle wie die lebenslangen fixen Anstellungen, sondern auch die mit den Dienstjahren wachsenden Einkommen. In gehobenen Positionen sind variable, an den Unternehmenserfolg gekoppelte Gehaltsbestandteile längst übliche Vergütungsmodelle, das Einkommen orientiert sich an der Zielerreichung. Mehr dazu lesen Sie auch in den Interviews mit dem Trendforscher Harry Gatterer (S. 68) und Think Tank-Austria-Chef Franz Schellhorn (S. 74).

Flexibilität braucht Mindset und Management

Von unten nach oben, von oben nach unten: Vor einigen Jahren noch wurde Nokia als extrem anpassungsfähiges und wendiges Unternehmen gefeiert. Bis Ende der 1980er-Jahre stellte das finnische Unternehmen ja unter anderem Gummistiefel her. Im Hype der Telekommunikation entwickelte sich Nokia dann zum jahrelang hochprofitablen Marktführer unter den Herstellern von Mobiltelefonen. Ein tolle, vielerzählte Erfolgsgeschichte. Leider ist sie schon seit einiger Zeit zu Ende. Wie es um Nokia heute bestellt ist, ist bekannt.

Flexibilität erfordert Anpassungsfähigkeit

Der globale Wettbewerb ist für Unternehmen oft unerbittlich. Aus dem Nichts heraus taucht ein neuer Mitbewerber auf, auf den man richtig reagieren muss. Von heute auf morgen steht eine neue Chance vor der Tür, die man rasch und richtig zum Geschäft machen muss. Wer nur im klassischen Nine to Five-Modus denkt und handelt, hat schon verloren.
Wirtschaftliche Seitwärts-Bewegung statt boomender Konjunktur, laufende technologische Umbrüche, immer kürzere Verweildauern von CEOs und Mitarbeitern in Unternehmen: Die Spirale dreht sich mit stetiger Beschleunigung weiter. Darauf gibt es nur eine Antwort: mehr Flexibilität.

Cap Gemini Ernst & Young International hat vor einigen Jahren das Modell des „Adaptive Enterprise"[9] als Antwort auf wirtschaftlich fordernde Zeiten präsentiert. Es ist aufgrund der wirtschaftlichen Entwicklung in Europa nach wie vor aktuell. Seine Kernelemente sind: proaktive Trendbeobachtung, schnelle Reaktionsgeschwindigkeit durch kleine Organisationseinheiten, Innovation und Flexibilität sowie hohes Entscheidungstempo, das schnellen Strategiewechsel erlaubt. Vereinfacht gesagt: „Flexibilität *wins*" statt *„Speed kills"* lautet die Devise.

Flexibilität braucht Kultur

Da Veränderung für den Großteil der Menschen, die eher Gewohnheitstiere sind, beängstigend ist, braucht es ein entsprechendes Mindset. Ein Mindset, das Flexibilität nicht mit Bedrohung, sondern mit Chance assoziiert, ist weder per Weisung und Verordnung noch via Pönalen implementierbar. Am besten entwickelt es sich, wo es das Management beispielhaft vorlebt. Flexibilität muss Bestandteil der Unternehmenskultur sein, gemessen und auch belohnt werden. Abgesehen von der garantierten individuellen Rendite, dass jede Orts- und Tätigkeitsveränderung den Horizont erweitert, die Wissensbasis vergrößert und die Innovationskraft steigert. Flexibilitäts-Vorbilder sind gut. Sie reichen aber nicht aus. Gerade mit Blick auf das Gebot der Flexibilität ist es notwendig, Karriere neu und anders als bisher zu denken.

Balance war gestern

Die bisherige, vielpropagierte Logik des Karrieredenkens lautete: Arbeit und Freizeit müssen nachhaltig in Balance sein. Dann halten wir die Zumutungen einer immer flexibleren Arbeitswelt auch aus. Aber ist das wirklich so?

Stefan Götz, der ehemalige Geschäftsführer der Sparkassenakademien, der sich mit 56 Jahren gerade mitten im Neuanfang befindet, sagt im Inter-

9 Unter diesem Begriff versteht man Unternehmen und Organisationen, die ihre Produkte und Dienstleistungen und die dazu nötigen Ressourcen laufend an die Nachfrage anpassen.

view: „Wenn ich Arbeit nicht mehr als Teil meines Lebens begreife, dann bin das nicht mehr ich" (S. 151).

Der Zukunftsforscher Matthias Horx kritisiert unser Balance- und Gleichgewichtsdenken grundlegend[10]. Die Vorstellung, dass sich alles in einen anhaltenden Dauerzustand bringen ließe, sei falsch. Ein fixes Gleichgewicht existiert weder in der Natur noch im Leben, noch im Kosmos. Wo alles in Balance sei, gebe es keine Evolution mehr.

Seine Kollegen vom Gottlieb-Duttweiler-Institut sehen das Work-Life-Balance-Denken in ihrer Studie über „Die Zukunft des Arbeitens" ebenfalls als überholt an: „Es war einmal das Ziel der ‚Work-Life-Balance', Privatleben und Arbeitszeit sollten miteinander in Einklang stehen, die verschiedenen Sphären des Lebens im Gleichgewicht sein. In den meisten Fällen handelte es sich dabei um Versuche, überstresste Manager vor dem Ausbrennen zu bewahren: mit Sabbaticals, ‚Casual Fridays' oder Wellness-Wochenenden. Und immer darum bemüht, eine Grenze zwischen den beiden Welten aufzubauen – *work is work* und *life is life*."

Doch diese Grenze war seit jeher künstlich, so die Experten: Menschen seien weder Arbeitstiere noch Freizeitmenschen, sondern tätige Wesen. Glück, Leistung, das menschliche Leben an sich definierten sich nicht über austarierte Teile, sondern über das Ganze – über sinnvolle Tätigkeiten, ob bezahlt oder nicht. Ihre Perspektive: „Die Arbeitswelt wird noch stärker als heute zur dominanten Vorgabe für unser gesamtes Leben; der Einzelne wird viel mehr leisten müssen, um den Standard, den wir heute haben, zu halten. Arbeit muss eingebettet sein in das, was wir Lebensqualität nennen und nicht davon abgetrennt werden: Der richtige ‚Workstyle' bestimmt letztendlich den Lifestyle." Im Klartext: Wer nicht künstlich trennt, was zusammengehört, hat einen anderen, einen entspannteren Zugang zu den Herausforderungen der Flexibilität.

---

10 Matthias Horx: Zukunft wagen. Über den klugen Umgang mit dem Unvorhersehbaren (DVA 2013)

Ungenutztes Potenzial

Tatsache ist, dass wir in Flexibilitätsfragen erst am Beginn einer Entwicklung stehen. Laut der Deloitte-Studie „Flexible Working 2012" wird in Österreichs Unternehmen das Potenzial zur Flexibilisierung nicht ausgeschöpft, das „neue Arbeiten" sei hierzulande noch nicht flächendeckend angekommen. Flexible Arbeitsgestaltung bedeutet für die meisten Unternehmen, flexible Arbeitszeitmodelle anzubieten. Die Möglichkeiten von innovativen Arbeitsumgebungen, flexiblen Karrieremodellen oder ortsunabhängigem Arbeiten wird derzeit noch nicht ausreichend genutzt.

Oft sind es die unmittelbaren Vorgesetzten, noch Anhänger des Command & Control-Führungsstils, der nun einmal Präsenz erfordert, die den vielfältigen neuen Arbeitsgestaltungsmöglichkeiten entgegenstehen. Aber auch Arbeitnehmer haben ihre Bedenken: Vor allem die Angst vor einem drohenden Karriereknick wird zum Hemmschuh bei der Annahme von Sabbaticals, Auszeiten oder Karenz. Eine Angst, die der Unicredit Bank Austria-Vorstandsvorsitzende Willibald Cernko entschlossen ist, aus dem Weg zu räumen, wie er im Interview (S. 116) betont.

Dabei lassen sich Unternehmen positive Effekte, wie mögliche Produktivitätssteigerungen und die Steigerung der Arbeitgeber-Attraktivität entgehen, so die Studie. Auf Unternehmerseite könnten direkte Kostensenkungen bei Büroflächen und Reiseaufwand, aber auch positive Auswirkungen beispielsweise durch Reduktion von Krankenständen, Fluktuation oder Rekrutierungskosten erzielt werden.

Aus der Mitarbeiterperspektive bedeutet das „neue Arbeiten" mehr Flexibilität – wo, wann und wie man arbeitet – und häufig führt schon allein das zu einer höheren Mitarbeiterzufriedenheit, so die Deloitte-Experten. Der Umgang mit verschwimmenden Grenzen von Beruf und Privatleben müsse allerdings gelernt werden. Was es laut Studie nicht gibt, ist die *eine* „neue Arbeitswelt", sondern unterschiedlichste Anforderungen, Erwartungen und Bedürfnisse von Unternehmen und Mitarbeitergruppen. Welche Veränderungen für die Optimierung einer bestimmten Unternehmens- beziehungsweise Arbeitssituation notwendig sind, sei jeweils individuell zu ermitteln, Adaptierungen seien entsprechend maßzuschneidern. Soweit die Empirie.

Freiräume für Flexibilität

Was das in der Praxis bedeuten kann, erläuterte etwa Sandra Micko, Personalchefin von Microsoft Österreich. Sie will die Mitarbeiterorientierung in der Unternehmenskultur fortsetzen und weiter ausbauen. „Mobiles Arbeiten, Flexibilität in der Arbeitszeitgestaltung und die richtige Balance zwischen Beruf und Familie sind die wichtigsten Themen der heutigen modernen Arbeitswelt", so Micko. Neben unterschiedlichen Arbeitszeitmodellen und Homeoffice hält das Unternehmen den Kontakt mit karenzierten Mitarbeitern aufrecht, etwa durch regelmäßige Vernetzungstreffen mit Eltern in der Babypause. Flexibilität wird besonders großgeschrieben bei Microsoft, das bereits mehrmals vorne in den Rankings bei der Wahl zum besten Arbeitgeber landete. Im neuen Office in Wien sind Freiräume und Flexibilität auch architektonisch umgesetzt. Das „user generated office-concept" bietet auf 5 000 Quadratmetern nebst modernster Technologie einen hängenden Garten auf der Wand der Rezeption, eine offene Cafeteria, barähnliche Besprechungsräume, wohnzimmerartige Lounges als Freiräume, aber auch Zellen für ungestörte Telefonate. Auch das gehört zu einer flexiblen Arbeitskultur.

Letztlich hängt der Erfolg auch davon ab, wie gut Führungskräfte ihre Telemitarbeiter führen und wie kompetent sie mit einer solchen Arbeitsform umgehen können.

Ein neuer Führungsstil ist also notwendig. Die Führungskraft hat zunehmend die Aufgabe eines Coaches und in immer geringerem Maße die Aufgabe eines Kontrolleurs von Arbeitsinhalten und -mengen.

Als erstes Land der Welt führten die Niederlande im Juli 2015 einen Rechtsanspruch auf Homeoffice für Mitarbeiter von Unternehmen mit mehr als zehn Personen ein. Den Rechtsanspruch auf das Arbeiten in den eigenen vier Wänden haben alle, die nachweisen können, dass sie ihre berufliche Tätigkeit genauso gut zu Hause erledigen können, wie in der Firma. Dorthin müssen natürlich weiterhin Piloten, Krankenschwestern oder Kellner. Einspruchsrecht gegen diese Regelung haben Arbeitgeber, die nachweisen können, dass sich ihre Dienstpläne nicht mehr organisieren lassen, oder zum Beispiel ein Sicherheitsrisiko bei der Bearbeitung extrem sensibler Daten wie etwa Forschungsergebnissen oder Kundenkonten einer Bank besteht. Künftig haben niederländische Arbeitnehmer nicht

nur freie Arbeitsplatzwahl, sondern können auch selbst bestimmen, wann sie daheim, im Garten oder am Pool arbeiten: In Absprache mit dem Unternehmen können sie festlegen, dass sie zum Beispiel statt von acht bis 17 Uhr, von zwölf bis 21 Uhr arbeiten und in dieser Zeit für den Arbeitgeber und die Kollegen, Kunden und Partner erreichbar sind.
Das ist generell zu beachten, wenn es um mehr Flexibilität in der Arbeitswelt geht: Die signifikanteste Veränderung in den Anforderungen an Mitarbeiter ist das Gebot zur Zusammenarbeit. Schon heute arbeiten Teams an komplexen Projekten quer durch Zeitzonen an verschiedenen Orten zusammen, um Unternehmen flexibler zu machen. Mit konventionellen Organisationsmustern sind diese Teams weder zu managen noch zu führen. Communities und Netzwerke spielen auch in Innovationsfragen eine tragende Rolle. Mehr Flexibilität erfordert in der neuen Arbeitswelt immer auch eine neue Qualität der Zusammenarbeit.

Zeitmanagement hilft

Was beim Umgang mit den neuen Flexibilitätserfordernissen sicher hilfreich ist, ist konsequentes Zeitmanagement. „Alles eine Frage der Einteilung. Intensiven Arbeitsphasen müssen Pausen folgen, auch die 24 Stunden des Tages müssen vernünftig eingeteilt werden“, empfiehlt etwa Helmut Maukner, Country Managing Partner von Ernst & Young Österreich, der sich täglich zumindest eine halbe Stunde fürs Frühstück mit der Familie und mindestens 15 Minuten für eine Mittagspause reserviert. Der Beruf des Steuer- und Wirtschaftsberaters erfordere zwar hohe Flexibilität, bei entsprechender Bereitschaft sowohl von Arbeitgeber- als auch von Arbeitnehmerseite ließen sich aber auch Familie und Karriere gut unter einen Hut bringen.
„Projektspezifisches Arbeiten lässt Raum für diverse Arbeitszeitmodelle und Lebensphasenplanungen. Wir beobachten sowohl Mitarbeiterinnen, die nach ihrer im Terminkalender sonntags als Kaiserschnitt geplanten Geburt binnen kürzester Zeit wiederkehren, um anfangs etwa 15 Stunden pro Woche zu arbeiten, als auch Kolleginnen, die zwei bis drei Jahre Auszeit für den Nachwuchs nehmen“, so Maukner.

Raus aus der Anwesenheitsfalle

Wer Beruf und Privatleben besser vereinbaren will, sollte seine privaten Ziele mit der gleichen Konsequenz verfolgen wie seine beruflichen. Vor allem ist eins notwendig: der Anwesenheits-Falle im Büro zu entgehen. Forscher haben herausgefunden, dass die Anwesenheitszeit im Büro als wichtiger Karrierefaktor gesehen wird. Mit anderen Worten: Nur wer dauernd da ist, darf mit Aufstiegschancen rechnen. In Unternehmen, deren Führungskräfte nicht die Anwesenheit, sondern die Leistung zum Maßstab beruflichen Erfolges machen, kann sich auch Raum für das private Leben entfalten.

Symptome erkennen

Haben Sie folgende Symptome für Probleme mit der Vereinbarkeit von Beruf und Privatleben am eigenen Leib verspürt?

- Sie kommen spät aus dem Büro oder von einer Besprechung nach Hause, gönnen sich noch eine Tiefkühlpizza, etwas zu trinken und dämmern beim Fernsehen weg. Und dafür arbeiten Sie hart?
- Das Bürogeschehen beschäftigt Sie beim Einschlafen, beim Aufstehen und dazwischen.
- Der Stress wird zum Normalfall – man erwartet von einem Tag, einer Woche, einem Monat nichts anderes mehr.

Was tun?

Dann haben Sie Handlungsbedarf. Wer seine individuelle Balance wieder ins Lot bringen will – und damit letztlich seine persönliche Leistungskraft erhöht –, der muss vor allem eins sein: diszipliniert und konsequent.

Sagen Sie konsequent Nein,

- wenn Ihnen weitere Abendtermine aufgedrängt werden,
- wenn Kollegen „noch etwas besprechen“ wollen,
- wenn die Arbeitszeiten uferlos werden.

Sagen Sie konsequent Ja dazu,

- dass Aufgaben an Mitarbeiter delegiert werden,
- dass Sie Ihre Verantwortung teilen,
- dass Teamarbeit nicht nur die Theorie, sondern auch die Praxis prägt.

Nicht weniger gefährdet sind Menschen, die im Homeoffice arbeiten: Sie müssen besonders diszipliniert auf ein ausgewogenes Verhältnis zwischen Berufs- und Privatsphäre achten. Sonst endet der Arbeitsalltag nie.

Beherzigen Sie daher folgende Grundsätze:

- Arbeit ist im Idealfall Selbstverwirklichung, aber nicht alles. Es gibt ein Leben außerhalb des Büros.
- Lebensgenuss kann man nicht immer auf später verschieben – arbeiten Sie hier und jetzt, genießen Sie hier und jetzt.
- Unterlagen und Aktenordner aus dem Büro bleiben dort, wenn Sie heimgehen.
- Verschieben Sie Ihren geplanten Urlaub nicht immer wieder nach hinten, sonst ist plötzlich das Jahr vorbei.
- Lassen Sie sich von Ihren Mitarbeiterinnen und Mitarbeitern nur dann „stören", wenn es wirklich notwendig ist.
- Konzentrieren Sie sich bei Ihrer Arbeit auf das Wesentliche – sorgen Sie dafür, dass die Details von anderen erledigt werden.
- Wenn Sie Ihre beruflichen Ziele haben, formulieren Sie doch auch Ihre privaten Ziele.
- Nützen Sie Zeitmanagement-Seminare und nehmen sie deren Tipps ernst. Sie können dadurch oft eine Zeitersparnis von einem Fünftel Ihrer Arbeitszeit lukrieren.

In diesem Sinn: Die Flexibilität, die die moderne Wirtschafts- und Arbeitswelt von uns fordert, braucht Mindset *und* Management. Versuchen wir nicht in Balance zu bringen, was von Dynamik lebt. Sondern managen wir diese Dynamik in unserem Interesse.

3

Demografie und Veränderung

Er ist eine der mächtigsten Triebfedern für Veränderung, auch in der Arbeitswelt: der demografische Wandel. Dank medizinischem Fortschritt steigt unsere Lebenserwartung kontinuierlich. Aber nicht nur wir selbst werden immer älter. Auch unsere gesamte Gesellschaft wird immer älter. Auf der anderen Seite gehen in den Wohlstandsnationen die Geburtenraten zurück. In Personalabteilungen großer Unternehmen sieht man diese Entwicklung mit Sorge. Denn es fehlen die jungen Arbeitskräfte, mit denen man bisher rechnen konnte.

Unternehmen und Länder reagieren darauf und steigen in den internationalisierten Wettbewerb um junge Talente ein. „Die einst in vielen Ländern eher restriktiven Bestimmungen zur Beschäftigung ausländischer Arbeitskräfte wurden und werden vielerorts gelockert, um die Attraktivität des Standorts vor allem für hoch qualifizierte Einwanderer zu steigern. Die politisch Verantwortlichen schlagen sich im globalen „War for Talent“ auf die Seite der Unternehmen in ihrem Land“, bilanziert der GDI-Trendreport „Die Zukunft des Arbeitens.“[11]

Je jünger, desto besser?

Im Jahr 1998 hatte Ed Michaels von der Unternehmensberatung McKinsey diesen kriegerischen Begriff in die Personalabteilungen eingeführt. Er ist aktueller denn je. Die neu ins Berufsleben strebenden Jahrgänge werden in den meisten Industriestaaten immer kleiner und kleiner.

„Das sinkende Arbeitskräftepotenzial bedroht die Dynamik der gesamten Volkswirtschaft – und fordert die Kreativität der Unternehmen heraus, um

---

11 Die Zukunft des Arbeitens – Ein Trendreport, Studienpartner GDI Gottlieb Duttweiler Institute, Herausgeberin: Stiftung Produktive Schweiz

weiterhin für junge Talente attraktiv zu sein“, folgert der GDI-Trendreport.

Je jünger, desto besser: Das war bisher die Grundregel in der Personalpolitik vieler Unternehmen. Doch die Gleichung „junge Mitarbeiter = weniger Personalkosten = mehr Leistung“ funktioniert nicht mehr. Vor dem Hintergrund der demografischen Entwicklung und des Mangels an Arbeitskräften lässt sie sich nicht länger aufrechterhalten.

Reales Pensionsantrittsalter – Europa

1	Schweiz	65,7	16	Belgien	62,0
2	Schweden	64,3	17	Finnland	61,7
3	Irland	64,1	18	Griechenland	61,5
4	Bulgarien	64,0	19	Tschechische Rep.	60,5
	Rumänien	64,0	20	Malta	60,1
6	Niederlande	63,5	21	Italien	60,1
	Portugal	63,5	22	Frankreich	60,0
8	Norwegen	63,2		Luxemburg	60,0
9	Deutschland	63,0		Kroatien	60,0
	Großbritannien	63,0	25	Litauen	59,9
	Lettland	63,0	26	Slowenien	59,8
12	Zypern	62,8	27	Ungarn	59,3
13	Estland	62,6		Polen	59,3
14	Dänemark	62,3	29	Slowakei	58,8
	Spanien	62,3	**30**	**Österreich**	**58,6**

Quelle: Allianz Asset Management. EU Kommission 2012, OECD 2013, nationale Statistiken.

Durchschnittliches reales Pensionsantrittsalter – Weltweit

1	Mexiko	72,2	25	Belgien	62,0
2	Südkorea	70,3		Singapur	62,0
3	Japan	69,7	27	Finnland	61,7
4	Neuseeland	67,0	28	Griechenland	61,5
5	Chile	66,9	29	Tschechische Rep.	60,5
6	USA	66,0	30	Malta	60,3
7	Schweiz	65,7	31	Italien	60,1
8	Hongkong	65,0	32	Frankreich	60,0
9	Australien	64,8		Luxemburg	60,0
10	Schweden	64,3		Kroatien	60,0
11	Irland	64,1		Taiwan	60,0
12	Bulgarien	64,0	36	Litauen	59,9
	Rumänien	64,0	37	Slowenien	59,8
	Kanada	64,0	38	Ungarn	59,3
15	Niederlande	62,3		Polen	59,3
	Portugal	63,5	40	Slowakei	58,8
17	Norwegen	63,2	**41**	**Österreich**	**58,6**
18	Deutschland	63,0	42	Russland	58,0
	Großbritannien	63,0		Indien	58,0
	Lettland	63,0		Indonesien	58,0
21	Zypern	62,8		China	58,0
22	Estland	62,6	46	Thailand	56,0
23	Dänemark	62,3	47	Brasilien	55,0
	Spanien	62,3		Malaysia	55,0

Quelle: Allianz Asset Management. EU Kommission 2012, OECD 2013, nationale Statistiken.

Arbeiten bis ins hohe Alter

Das Recruiting im Ausland, das immer stärker praktiziert wird, ist nur eine Seite der Medaille. Die andere müssen viele Unternehmen noch entdecken: Die Potenziale einer demografisch alternden Gesellschaft besser zu nutzen. Die GDI-Forscher haben Recht: „Alt ist nur unser Altersbild. Die Alten von morgen sind Un-Ruheständler, die aktiv am Berufsleben teilnehmen werden. Die Alten von heute sind nicht die Alten von gestern. Sie gehören nicht mehr zum alten Eisen. Industrielle Arbeit brannte die Menschen jenseits der 50 aus. Doch Wissensarbeitende akkumulieren verwertbare Fähigkeiten. Ihr in vielen Berufsjahrzehnten durch lebenslanges Lernen erworbenes Können veraltet nicht: die Fähigkeit Informationen zu finden, auszuwerten und zu Problemlösungen aufzuarbeiten."

Sich mehrmals neu erfinden

Es stimmt: Die traditionelle Dreiteilung des Lebens in Bildung, Arbeit und Ruhestand wird nicht obsolet. Aber sie wird relativiert: Im Unterschied zu früher nehmen sich immer mehr Menschen die Freiheit, sich mehrmals im Leben neu zu erfinden und sich anders zu verhalten, als dies von ihrer Altersklasse erwartet wird.
Kluge Unternehmen haben die Chance erkannt und experimentieren schon heute mit Generationenteams, Lern-Sabbaticals, Jobrotation, durchlässigen Übergängen zwischen Arbeitsleben und Rente, zwischen öffentlichen und privatwirtschaftlichen Aufgaben. Die Steigerung von Produktivität durch den richtigen Generationen-Mix an Innovationskraft, Engagement und Erfahrung: Das ist der richtige Weg in die Zukunft.
Ein beispielhaftes Unternehmen, das früh begann, seine Personalpolitik neu zu orientieren ist die Zürcher Kantonalbank. Sie machte daraus eine Werbeaktion in eigener Sache. Detail am Rande: Das Durchschnittsalter der Bank lag zu diesem Zeitpunkt bei 37 Jahren. Das Unternehmen ist kein Einzelfall. Das große Umdenken bei den Arbeitgebern beginnt. Langsam, aber sicher. Mehr dazu in den Interviews mit dem Generalsekretär der Österreichischen Industriellenvereinigung, Christoph Neumayer (S. 100), mit dem Personalberater Martin Röhsner (S. 80), mit dem AMS-Chef Johannes Kopf (S. 93) und der Personalberaterin Gundi Wentner (S. 90).

Die Stärke schwacher Bindungen

Potenziale und Grenzen sozialer Netzwerke

Axel, Svenja und Robert haben demnächst Geburtstag. „Schreibe ihnen etwas in die Chronik!", fordert Facebook auf. Mit Niki, einem Jugendfreund, der seit Jahrzehnten in Thailand lebt, habe ich mich gerade auf LinkedIn vernetzt.
Jetzt fordert mich die Plattform auf, die weiteren Kontakte des Unternehmers zu durchforsten. Martin und Florian warten immer noch darauf, dass ich Twitter beitrete. Bettina, die Initiatorin eines Bildungscenters, beruft sich auf ihren Mentor, der ihr empfohlen habe, mich unbedingt an Bord zu holen. Und täglich kommt der Bescheid des Systemadministrators, dass das Postfach voll sei.
In zwei Monaten hat die Master-Thesis für das Gastrosophie-Studium fertig zu sein, und dann gibt es ja auch noch ein paar terrestrische Kontakte. Was bringen da eigentlich die Mitgliedschaften auf Facebook, Twitter, LinkedIn und & Co?
„Schwache Bindungen sind stark", behauptete der US-Soziologe Mark Granovetter 1973 in einem Aufsatz – bis heute der meistzitierte seines Faches. 40 Jahre später erläutert er in einem Interview, was Beziehungspflege in sozialen Netzwerken im Jahr 2013 bringt: Sie verbindet uns mit Personen außerhalb unseres eigenen Kreises, was unter anderem bei der Jobsuche hilfreich sein kann. Was schwache Bindungen nicht leisten: emotionale Unterstützung. Das Gefühl von Wärme, Liebe und Zuneigung geben. Menschen brauchen aber beides!

Die erste Karriere ist nicht die letzte

Das alles hat massive Konsequenzen für unser Karrieredenken. Die erste Karriere ist nicht die letzte. Im Gegenteil. Auf sie folgt die zweite Karriere. Oder gar noch eine dritte. Ende, Wende, Neuanfang: In einer demografisch alternden Gesellschaft ist das eine Selbstverständlichkeit.

Neuanfang heißt natürlich immer Risikobereitschaft, Chancen nutzen und allem Neuen offen begegnen. Wer das kann, wird auch in sich rasch wandelnder Zeit eine spannende Lebensaufgabe finden, ist sich der erfahrene Manager Lothar Späth sicher.
Die Fähigkeit, eine zweite Karriere zu starten – die manchmal auch die erste sein kann –, ist eine mentale Frage. Lothar Späth, Politiker in Karriere Nummer eins und erfolgreicher Manager in Karriere Nummer zwei, bringt die Herausforderung auf den Punkt:
„Ich habe in meinem Leben die verschiedensten Berufe und Berufungen wahrgenommen – manchmal mit gründlicher Vorbildung, manchmal durch Learning by Doing. Meine Antriebskraft war immer die Neugier auf Neues und Herausforderungen mit Freude anzugehen."

Zeit für Veränderung

Die Auswirkungen des Alterns spüren viele Arbeitnehmer in der vielzitierten Midlife-Crisis. Sie steht meist in engem Zusammenhang mit beruflicher Unzufriedenheit. Wer sich in seinem Job nicht mehr wohl fühlt, sollte nicht stagnieren und resignieren, sondern über seine Weiterentwicklung nachdenken. Wie gesagt: Die zweite Karriere ist nicht die letzte. Erfolgreiche Netzwerker haben problemlos das Potenzial zur dritten, vierten oder gar fünften Karriere.
Veränderung macht Angst. Diese Tatsache ist einer der Hauptgründe dafür, warum Menschen oft Jahre an einem ungeliebten Arbeitsplatz verharren. „Aber wenn etwas vorbei ist, ist es Zeit zu gehen", sagt etwa die international tätige Human Resources-Managerin Veronika Zügel im Interview S. 161. Ihren letzten Abschied hat sie als routinierte Jobwechslerin – „Ich wurde dreimal verkauft und habe neun Mal meine Stelle gewechselt" – ohne Netz, sehr wohl aber mit einem „Plan B" im Kopf genommen. Stefan

Götz meint, er hätte schon fünf Jahre früher wechseln sollen (S. 151) und Headhunterin Gundi Wentner konstatiert im Hinblick auf „Abfertigungen alt“, dass manche Kandidaten in einem goldenen Käfig sitzen (S. 90). Wann es Zeit ist, den Job zu wechseln, zeigen untrügliche Symptome an. Wenn sich folgende Krisensymptome verdichten, sollten Sie sie nicht verdrängen, sondern gemeinsam mit Partner, Freunden oder Beratern darüber nachdenken, wie Sie Ihre berufliche Situation verändern und die nächste Karriere starten können:

- Ihr Job macht keinen Spaß mehr, Sie sind nicht zu Leistung motiviert, sondern dazu gezwungen.
- Sie können sich nicht vorstellen, noch zehn oder gar 20 Jahre das Gleiche zu tun.
- Sie fiebern jedem Feiertag, Wochenende und Urlaub entgegen.
- Sie reden im Privatbereich nicht mehr über berufliche Erfolge, sondern über Probleme.
- Sie sehen in Ihrem Tätigkeitsbereich und der jetzigen Branche keine Chance auf Weiterentwicklung.
- Sie haben das Gefühl, zu tun, was andere wollen – aber nicht das zu tun, was Sie wollen.

Selbstvertrauen macht krisensicher

Den Grundstein für den Erfolg einer zweiten Karriere legt man am besten schon heute: Mit einem Karrierenetzwerk, das man über die Jahre knüpft und pflegt und auch zur Selbstdarstellung nützt. Wer schon heute als Unternehmer in eigener Sache agiert, für den gibt es das Problem Neustart nicht – weil die Selbstveränderung und die laufende Standortbestimmung zum Lebens- und Karrierealltag dazugehören.

Jobstrategien für Ältere

Über Karrierewege 50 plus – jenseits des Anzeigenhorizonts.

Viele österreichische Betriebe klagen darüber, dass sie keine qualifizierten Arbeitskräfte mehr finden. Ein wichtiger Teil der Lösung sind ältere Arbeitnehmerinnen und Arbeitnehmer. Über sie wird insbesondere von der Politik viel geredet. Aber zu wenig getan. Auch in den Unternehmen herrscht nach wie vor die Tendenz, (zweifellos teure) ältere Arbeitskräfte in den Ruhestand zu verabschieden.

Hier ist akutes Umdenken gefragt. Denn die Erfolgskombination aus Fachexpertise und Lebenserfahrung ist in vielen Branchen und in vielen Jobs – auch in Führungspositionen – unschlagbar. Dass Arbeitskräfte über 50 weniger innovativ oder leistungsorientiert sind als jüngere, ist ein Gerücht, das sich hartnäckig hält. Man sieht es auch in Bewerbungsverfahren. Kaum eine Bewerbung einer älteren Arbeitskraft überlebt den ersten Selektionsprozess.

Daher ist die Generation 50 plus auf andere Wege angewiesen, um zu einem adäquaten Job zu kommen. Der persönliche Kontakt entscheidet: Kongresse, Jobmessen, Fachveranstaltungen.

Und auch in den sozialen Netzwerken zahlt es sich aus, präsent zu sein. Damit widerlegt man als älterer Jobsucher gleich einmal das Vorurteil, nicht mehr auf dem Stand der Zeit zu sein. Bis die Arbeitgeber in Richtung ältere Arbeitskräfte umdenken, gibt es für ältere Arbeitskräfte nicht nur viele Möglichkeiten, sondern auch die Notwendigkeit, in Eigenregie Karrierefitness unter Beweis zu stellen.

Dieses Selbstverständnis und die daraus folgenden Aktivitäten – Weiterbildung, Netzwerke, Veränderung – sind die beste Ausrüstung auf dem Karriereweg durch die Krise. An die Stelle des Kollektiv- und Generationenvertrages tritt das Selbstvertrauen, das auf der eigenen Kompetenz basiert. Der Arbeitsplatz, die Branche, das Unternehmen – all das wird in der Bedeutung für den Einzelnen relativ und veränderbar. Es muss nur zu den eigenen Zielen und Vorstellungen passen.
Die Renaissance der älteren Arbeitnehmer aufgrund des Arbeitskräftemangels wird die Bedeutung des Alters relativieren.

Mehr Flexibilität

In einer alternden Arbeitswelt muss man auch über unangenehme Wahrheiten reden. Eine davon: Das Senioritätsprinzip in der Entlohnung ist nicht mehr zukunftsgemäß. Das „Steigerungsspiel" als Grundmuster unserer gesellschaftlichen Entwicklung, wie es der renommierte Soziologe Gerhard Schulze sehr treffend formuliert hat, funktioniert auch in diesem Bereich nicht mehr. Unternehmen müssen auch mit immer mehr grauen Schläfen schwarze Zahlen schreiben können. Erwarten Sie nicht, dass Ihr Gehalt mit Ihren Lebensjahren ohne Ihr Zutun steigt. Gilt es in jüngeren Jahren zu fragen, ob man kriegt, was man verdient, sollte man sich nach jahrzehntelangem Aufrücken fragen – und zwar ehe das der Controller oder der Eigentümer des Unternehmens tut –, ob man verdient, was man kriegt.
Denn in einer alternden Arbeitswelt ist es notwendig, über neue, flexible Entlohnungssysteme zu diskutieren. Mehr denn je ist das Leistungsprinzip gefragt: Wer mehr leistet, soll mehr bekommen – egal, ob jung oder alt.
Und noch etwas brauchen wir (selbst) in einer alternden Arbeitswelt: Einen entspannteren Umgang mit – altersabhängigen – Statusfragen und Statussymbolen. Denn die Arbeitswelt wird nicht nur hinsichtlich der Hierarchien flacher werden. Sie wird auch im Hinblick auf das Verhältnis zwischen Jung und Alt „flacher" sein müssen.

Die zweite Karriere leben

Die „zweite Karriere" wird künftig zum Massenphänomen. Sie wird den Arbeitsmarkt allerdings in vielfältigen Ausbildungen prägen:

- Zweite Karriere kann bedeuten, seinen einmal erlernten Beruf in einer anderen Branche und/oder einer anderen Funktion auszuüben.
- Zweite Karriere kann bedeuten, dass man sich aus einem Unternehmen heraus selbstständig macht – und das nicht einmal in der gleichen Branche.
- Zweite Karriere kann aber auch bedeuten, nach einer längeren Familienphase wieder voll in den Arbeitsmarkt einzusteigen.

Es gibt viele Wege, sich im Beruf neu zu erfinden. Weil es notwendig ist. Weil es Spaß macht. Weil es zum Berufsleben einfach dazugehört.

Vor dem Neustart

Vor jedem Neustart sollten Sie sich natürlich überlegen, ob Ihre Möglichkeiten im bisherigen Unternehmen wirklich schon ausgeschöpft sind. Allzu intensives Jobhopping wird je nach Branche unterschiedlich bewertet: Manchmal als Zeichen von Begehrtheit, manchmal für Unzuverlässigkeit und Sprunghaftigkeit. Deshalb evaluieren Sie vor jeder Veränderung:

- Gibt es wirklich keine weiteren Aufstiegschancen mehr?
- Wie stehen Sie zu Ihrem Chef?
- Was gewinnen, was verlieren Sie durch einen Wechsel?

Fassen Sie Ihren Entschluss zu wechseln nie aus einer bloßen Laune oder Stimmung heraus. Analysieren Sie Ihre Lage genau. Dabei helfen folgende Fragen:

- Haben Sie sich im Unternehmen weiterentwickelt? Wenn ja, wie?
- Können Sie Weiterbildungsaktivitäten vorweisen?
- Hat sich dadurch Ihr Marktwert erhöht?
- Wie steht Ihr Unternehmen wirtschaftlich da?
- Drohen Personalabbau und Restrukturierung? Dann wechseln Sie besser früher als später, bevor sich das herumspricht.

Immer noch reif für den Absprung? Dann sollten Sie Ihre Bewerbung sehr ernst nehmen:

- Frischen Sie Ihr Wissen über den Recruitingprozess auf.
- Bereiten Sie sich auf Interviews und Tests vor. Üben Sie ruhig vor dem Spiegel Ihre Selbstpräsentation.
- Formulieren Sie Sätze, mit denen Sie Ihre beruflichen Kompetenzen vorteilhaft darstellen.
- Durchforsten Sie Ihr Netzwerk und sprechen Sie Menschen an, die Ihnen weiterhelfen können.

Tipps für den Neuanfang

Wer sich beruflich neu orientiert, sollte auch einige Etiketteregeln berücksichtigen:

- Reden Sie nicht schlecht über Ihre früheren Arbeitgeber.
- Spielen Sie kein Übermaß an Veränderungsbereitschaft vor, wenn Sie nicht flexibel sind.
- Machen Sie sich nicht jünger, als Sie sind.

Was Sie als Bewerber über 40 besonders in den Vordergrund stellen sollten:

- Dokumentieren Sie Ihre Fähigkeiten, Ihr Fachwissen und Ihre Erfahrung.
- Betonen Sie Ihre Lernfähigkeit.
- Lassen Sie Ihre Persönlichkeit wirken.
- Nehmen Sie Ihren (jüngeren) Gesprächspartner ernst.
- Bleiben Sie selbstbewusst.
- Fragen Sie nach Weiterbildungsangeboten.

Ihre zweite Karriere ist nicht aufzuhalten – wenn Sie sich dabei nicht im Weg stehen.

4

Lebenslanges Lernen

In Europa steigt die Zahl der Universitäts- und Hochschulabsolventen ständig an. Schließlich gilt ein abgeschlossenes Studium nach wie vor als unabdingbare Erfolgsvoraussetzung. „Karriere mit Lehre" hingegen propagieren die Interessensvertretungen der Klein- und Mittelbetriebe, denen die Fachkräfte ausgehen. Sieht man sich jedoch in den europäischen Vorstandsetagen um, so findet man kaum Personen in den obersten Führungsgremien, die es vom Lehrling hinter die Polstertüren von Konzernen gebracht haben. Das war vielleicht noch bis zur Mitte der 1980er-Jahre in Ausnahmefällen möglich (siehe auch Interview mit Unicredit-Generaldirektor Willibald Cernko S. 116). Im Wissenszeitalter spricht man von einer Akademisierung des Arbeitsmarktes. Oft ist es mit nur einem Studium gar nicht getan, sondern es werden noch mehrere Postgraduates angeschlossen (siehe Interview mit der assoziierten Professorin an der Universität Bath, Katharina Chudzikowski S. 105).
Experten und Unternehmer sprechen bereits von einer Überakademisierung unserer Gesellschaft, schließlich würden nicht nur Häuptlinge, sondern auch Indianer gebraucht. Der Volkswirt Joachim Möller, Direktor des Instituts für Arbeitsmarkt- und Berufsforschung (IAB) in Nürnberg, hält dem in seiner regelmäßigen Kolumne auf KarriereSPIEGEL gute Argumente, doch ein Studium abzuschließen, entgegen: Mit rund 2,5 Prozent ist die Arbeitslosenquote unter Akademikern weit geringer als bei Personen mit einer Berufsausbildung (rund fünf Prozent) oder gar die der Ungelernten (rund 20 Prozent). Ein Akademiker mittleren Alters verdient heute im Mittel gut das 2,5-fache eines Ungelernten. Der Verdienstabstand zu den Geringqualifizierten ist in den letzten 25 Jahren deutlich gewachsen – und das, obwohl die Zahl der Hochschulabsolventen deutlich gestiegen ist. Ähnliches berichtet auch AMS-Chef Johannes Kopf (s. Interview S. 93).

Teure Fehlbesetzungen

Der Lebenslauf ist eine Sache, die Persönlichkeit eine andere.

Interessant: Mittlerweile hat es sich bis zu NGOs und Unternehmen in den hintersten Tälern herumgesprochen, dass man bei der Personalauswahl weder nach dem Prinzip Vitamin B noch nach den Gesetzen des russischen Roulettes vorgehen sollte. Professionelles Employer Branding, professionelles Recruiting und professionell durchgeführte Assessment-Center sind bis auf wenige Ausnahmen auch in Österreich State of the Art.
Aber wer die Wahl hat, hat bekanntlich die Qual. Laut einer eben veröffentlichten Studie der Hay Group, einer global operierenden Unternehmensberatung, fällt es zwei Drittel der 208 befragten Personalmanager aus Deutschland und Großbritannien schwer, die richtigen Leute auf dem richtigen Platz zu positionieren. Die Folge: Im Extremfall wird mehr als jede dritte Stelle (37 Prozent) mit einer Person besetzt, die nicht optimal für ihre künftige Aufgabe geeignet ist – so das Fazit. Auf mehr als 6000 Euro beziffern über die Hälfte der Personalmanager die Kosten, die entstehen, wenn ein Job neu besetzt werden muss. Außerdem demotiviere eine hohe Mitarbeiterfluktuation die übrigen Angestellten im Unternehmen. Hay Group empfiehlt zur Risikominimierung einen strukturierten Auswahlprozess. Den sollten Unternehmenskapitäne vielleicht vor allem bei der Besetzung ihrer HR-Manager anwenden oder gleich auf Menschenkenner, statt nur auf Vorzeige-CVs setzen.

Selbst Absolventen von sogenannten Orchideenstudien fänden auf längere Sicht ihren Platz am Arbeitsmarkt. Zwar nicht so schnell und nicht so gut entlohnt wie Absolventen eines Elektrotechnik- oder Maschinenbau-Studiums, aber mit nicht weniger Zufriedenheit.
Max Hollein, Direktor der Schirn-Kunsthalle in Frankfurt, engagiert zum Beispiel auch Soziologen, Historiker oder Kunsthistoriker als Kuratoren. Für ihn zählt nicht in erster Linie, was Bewerber studiert haben, sondern ob sie sich zum richtigen Zeitpunkt an spannenden Orten hinsichtlich Innovation und Wertschöpfung befunden haben, bei wem sie gelernt haben und wie sie an Projekte und Prozesse herangehen.
Wie und wo der Quereinstieg für Geistes- und Sozialwissenschaftler gelingt, lesen Sie im Interview mit Martin Röhsner (S. 80).

Wissen macht den Unterschied

Längst prägen die Informations- und Kommunikationstechnologie unsere Wirtschaft und Gesellschaft. Um beruflich fit beziehungsweise beschäftigungsfähig zu bleiben, sind Erwerbstätige gefordert, sich ständig weiterzubilden. Galt früher „Was Hänschen nicht gelernt hat, lernt Hans nimmermehr", ist das Gebot unserer Informationsgesellschaft „Hans muss lernen, was Hänschen gar nicht lernen konnte, weil das aktuelle Wissen in seiner Kindheit noch gar nicht auf der Welt war." Es ist notwendig, das berufliche Wissen laufend zu ergänzen und zu erneuern.
Und für die Führung gilt: „Nach der Auswahl der richtigen Personen für die festgelegten Aufgaben und Rollen ist die Weiterentwicklung der fachlichen und sozialen Fähigkeiten und der Bereitschaft, sich den gegebenen Veränderungen stets anzupassen, entscheidend", konstatiert Post-Generaldirektor Georg Pölzl in seinem 2015 erschienenen Buch „Erfolgreiche Unternehmensführung, 111 Konzepte, die Sie kennen sollten."

Zukunft ist nicht Fortschreibung der Gegenwart

Change-Management – Mitarbeiter zu Veränderungen motivieren, obwohl eh alles gut läuft.

Nein, Komfortzonen zu verlassen ist nicht angenehm. Schließlich kommt Unbekanntes auf Betroffene zu, neuartige Aufgaben, Kollegen, Rahmenbedingungen und Zielsetzungen. Und sie fragen sich: Bin ich dem gewachsen, verfüge ich über die nötigen Ressourcen und Kompetenzen?

Für all jene, die nicht bloß zum Spaß arbeiten gehen, sondern mit ihrem Einkommen auch das Auskommen finden müssen und gar Familien zu ernähren haben – und das sind nicht gerade wenige – evozieren Kurswechselankündigungen zumeist Stress. Und Unverständnis. Besonders dann, wenn dem Unternehmen nicht „Land unter!" droht, wie weiten Teilen Europas im Zuge der jüngsten Niederschläge, sondern eh alles gut zu laufen scheint, das Unternehmen Erfolg hat und satte Gewinne einfährt. Da bedarf es schon eines sehr empathischen Leaders, um mit spannenden, vielversprechenden Visionen – irgendeinen Gewinn für den einzelnen Mitarbeiter inklusive – zum Aufbruch in Neuland zu motivieren.

Erfolg ist zwar meist das, was folgt, wenn man die Ursachen dafür gesetzt hat. Manchmal basiert Erfolg aber auch auf Glück oder den Fehlern der Mitbewerber. Auf die man sich natürlich nicht verlassen kann, wenn es darum geht, die Unternehmenszukunft zu sichern. Denn dass die Zukunft nicht die Fortschreibung der Vergangenheit ist, ist so sicher wie die Tatsache, dass man niemanden überholen kann, wenn man nur in dessen Fußstapfen tritt.

5

Frauen und Diversität

Würden Prognosen immer zutreffen, müssten wir das Thema Frauen in Führungspositionen und Aufsichtsräten schon seit 20 Jahren nicht mehr diskutieren. Das 21. Jahrhundert ist weiblich, haben sie alle geschrieben – von John Naisbitt über Faith Popcorn bis Matthias Horx. Und zwar schon Anfang der 1980er-Jahre. Rückblickend wirkt das alles ein bisschen abgehoben. Denn die Frauen heben zwar ab, etwa durch gleich viele Studienabschlüsse, durch gleiche Qualifikation und oft vermehrten Einsatz, aber wirklich oben gelandet sind nur wenige.

Frauen verändern die ganze Gesellschaft. Sie verändern die Konsummärkte. Sie beeinflussen auch die Politik und die Investitionen. In den entscheidenden Positionen sind sie allerdings immer noch Paradiesvögel.

Reality-Check zum „Jahrhundert der Frauen"

In den Vorständen der österreichischen Top-200-Unternehmen waren im vergangenen Jahr nur 5,1 Prozent, in den Aufsichtsräten 11,2 Prozent Frauen. Der Frauen.Management.Report.2015[12] der Arbeiterkammer Wien nennt für 2014 einen Frauenanteil von 3,1 Prozent im Vorstand börsennotierter Unternehmen. „Der österreichischen Wirtschaft ist es im Laufe des Jahres 2014 wieder nicht gelungen, spürbare Fortschritte in Richtung mehr Geschlechtergerechtigkeit in den Führungsgremien zu erzielen: Die Ergebnisse des Reports zeigen, dass die Repräsentanz von Frauen an der Unternehmensspitze (in Geschäftsführung und Aufsichtsrat) sowohl in den umsatzstärksten Unternehmen als auch den Börsenunternehmen konstant auf niedrigem Niveau bleibt. Die Vorstandspositionen befinden sich nach wie vor fast ausschließlich in Männerhand. Häufiger seien Frauen im

12 Sonja Spitzer, Christina Wieser: Frauen.Management.Report.2015,
Frauen in Geschäftsführung und Aufsichtsrat in den Top 200 und börsennotierten Unternehmen, Kammer für Arbeiter und Angestellte für Wien

Aufsichtsratsgremium vertreten, hier habe die Entwicklung in den letzten Jahren leicht angezogen.

Aktuell beträgt der Frauenanteil in deutschen Aufsichts- und Verwaltungsräten 18,6 Prozent, seit 2006 ist er um 10,8 Prozentpunkte gestiegen. Die Bundesrepublik Deutschland hat im Dezember 2014 ein Gesetz für die gesetzliche Frauenquote beschlossen. Davor hatte sie Vorgaben im Rahmen eines Corporate Governance Kodex, in dem „eine angemessene Beteiligung von Frauen" in Aufsichtsräten vorgesehen war. Trotz zahlreicher Initiativen der Wirtschaft und freiwilliger Selbstverpflichtung der Unternehmen blieben Frauen in den Führungspositionen stark unterrepräsentiert. Daher wurde das „Gesetz für die gleichberechtigte Teilhabe von Frauen und Männern an Führungspositionen in der Privatwirtschaft und im öffentlichen Dienst" verabschiedet: Ab 2016 sollen in den Aufsichtsräten der großen deutschen Konzerne mindestens 30 Prozent Frauen sitzen. Ab dann müssen die rund hundert börsennotierten und mitbestimmungspflichtigen Unternehmen der Bundesrepublik Deutschland bei einer Neubesetzung den 30 Prozent Frauenanteil einhalten, ansonsten bleibt der Posten unbesetzt. Von den Maßnahmen sind außerdem Betriebe im Besitz des Bundes betroffen, Firmen im Eigentum von Bundesländern und Kommunen hingegen nicht. Der Anteil an Chefinnen soll hier auf 30 Prozent steigen, 2018 dann auf 50 Prozent. Momentan liegt der Frauenanteil in den Aufsichtsgremien von öffentlichen Unternehmen bei 23,6 Prozent.Derzeit liegt bei den hundert größten Schweizer Firmen der durchschnittliche Frauenanteil bei 13 Prozent im Verwaltungsrat und bei 6 Prozent in der Geschäftsleitung[13]. Es gibt es keine regulatorisch festgelegten Quoten, sondern eine Art Handlungsanleitung für börsennotierte Unternehmen durch den „Swiss Code of Best Practice for Corporate Governance". In diesem wird zwar empfohlen, dass dem Verwaltungsrat männliche und weibliche Mitglieder angehören sollen, konkrete Zahlen beziehungsweise Quoten werden jedoch nicht genannt. Zuletzt hatte auch die Schweiz eine Geschlechterquote von 30 Prozent in den Aufsichtsräten börsennotierter Unternehmen angedacht. Diese solle innerhalb von fünf Jahren umgesetzt werden. Momentan wartet man auf die Stellungnahmen der Kantone und Parteien.

---

13 Hansueli Schöchli: «Weiche» Frauenquote für 250 Firmen NZZ Online, 28. 11. 2014,

Nicht entweder oder, sondern sowohl als auch

Arbeitgeber müssen sich auf Hipos einstellen, die weder Karriere noch Kinder verhüten wollen.

Der Handel kennt sie längst: Die Konsumenten, die ihre Nachtruhe in einem Luxusbett verbringen, ihre Bücher aber in ein IKEA-Regal stellen. Foodies, die sowohl bei Hofer kaufen als auch im Haubenlokal dinieren. Und Fashionistas, die in eine Louis-Vuitton-Tasche investieren, die sie dann lässig auch zu H & M-Teilen schlenkern.

Auch in den Medien lebt die Vielfalt, obwohl Print schon vor zwei Jahrzehnten der Tod vorausgesagt wurde: Trotz zäher Umstände rauscht es noch immer im Blätterwald. „Die digitale Revolution hat den Trend zu den Diffusionsmedien stark vorangetrieben. Kein Medium schafft jedoch ein altes vollkommen ab, jedes neue Medium verändert dafür die bestehenden", so eine eben erschienene Studie des Zukunftsinstituts. – Für Industrie, Handel und Dienstleister wird es immer schwieriger, Zielgruppen genau zu definieren und anzusprechen.

Von Arbeitgebern auf der Suche nach den besten Mitarbeitern ist ebenfalls Kreativität gefordert: Die „sowohl als auch"-Haltung prägt auch zeitgemäße Karrierewege. Wir sehen immer mehr Arbeitnehmer, die sich nebenher ein kleines selbstständiges Standbein schaffen, Berufstätige, die sowohl daheim als auch im Büro arbeiten, Zeitgenossen, die daheim nicht nur Freizeit gestalten und im Office nicht nur Arbeit erledigen. Erfolgswillige, die bereit sind, 100 Tage durchzuarbeiten um dann ein Monat gar nichts zu tun. Und vor allem immer mehr High-Potentials, die weder Karriere noch Kinder verhüten wollen.

Wollen die DACH-Länder keinen Braindrain ihrer weiblichen High Potentials riskieren, sollten sie sich ein Beispiel an Norwegen nehmen: Im Jahr 2003 führte die dortige Regierung als erstes europäisches Land eine gesetzliche Geschlechterquote ein. Mit einer Steigerung des Frauenanteils von 25 Prozent im Jahr 2004 auf 38 Prozent im Jahr 2014 in den Leitungsorganen der größten börsennotierten Unternehmen liegt das Nicht-EU-Land im europäischen Spitzenfeld.

Gute Gründe für die Feminisierung der Chefetagen

Daran, dass weiterhin zu wenige Frauen in Führungspositionen gelangen, dürfte sich aber so rasch nichts ändern, obwohl die Mehrheit der heute 20- bis 30-Jährigen an die Chancengleichheit glaubt. „Männer und Frauen weisen fast gleich viel Selbstvertrauen und Führungswillen auf", weiß die Management-Professorin Elisabeth Kelan vom King's College London. Dass die Chefetagen dennoch überwiegend männlich besetzt sind, sieht sie als gesellschaftliches Problem: Zwar dächten die CEOs gendergerecht, das mittlere Management aber bremse. Und das, obwohl die Feminisierung der Chefetagen längst nicht mehr als Gerechtigkeitsakt zu werten ist, sondern inzwischen belegt ist, dass sie sich rechnet. Hier ein paar Argumente jenseits der Soft Facts, die für die Feminisierung von Chefetagen sprechen:

- Von Frauen geleistete Arbeit kostet rund 20 Prozent weniger.
- Die Auslandsentsendung kostet Unternehmen viel weniger als jene einer männlichen Führungskraft. Schließlich haben nur die wenigsten Karrierefrauen auch Familie, die mit zu übersiedeln ist
- Und last but not least gibt's noch den Treuebonus: Frauen wechseln durchschnittlich halb so oft den Arbeitgeber, was teure Fluktuationsfolgekosten spart.

„Lean in", also „Hängt euch rein", rät Facebook-Managerin Sheryl Sandberg ihren Geschlechtsgenossinnen. Besondere Anstrengungen führen allerdings auch nur in jenen Organisationen nach oben, die den Aufstieg von Frauen wünschen und unterstützen. Und auch nur dann, wenn Frauen nicht reflexartig Gender-Schemata bestätigen, etwa indem sie selbstverständlich die Assistenzaufgaben im Team übernehmen.

Die Diversitäts-Chance

Die Headhunterin und Aufsichtsratsexpertin Gabi Lehner zeigt in ihrem Buch „Aufsicht ist weiblich?“[14] sehr eindringlich, dass eine „weiblichere“ Wirtschaft auch eine erfolgreichere Wirtschaft wäre. Der neue Hebel für mehr Frauen in Chefetagen heißt Diversität. Gerade für funktionierende Führung und den Umgang mit neuen, komplexen Situationen spielt sie eine ganz entscheidende Rolle. Lehner: „Die Wissenschaft sagt uns klar, wie wichtig Diversität in allen Lebensbereichen ist. Biokulturelle Diversität, also das Zusammenwirken von Kultur und biologischer Vielfalt, ist das Erfolgsprinzip des Lebens und Überlebens. Es sichert Resilienz, Anpassungsmöglichkeiten im Kontext von Schocks und Trends sowie Entwicklung“. Was Diversität gefährdet, sind Homogenisierung, Standardisierung, Ignoranz.
Diese Befunde lassen sich direkt auf die Wirtschaftswelt übertragen. Auch hier ist Diversität ein nachhaltiges Erfolgsprinzip – in jeder Hinsicht. Nach dem Prinzip „more of the same“ lassen sich keine neuen Wege und keine Innovationen entwickeln.

Weibliche Vorstände machen den Unterschied

Vor allem ist die Homogenisierung eine Herausforderung: Wenn Entscheidungsträger mit vergleichbaren Merkmalen – Geschlecht, Alter, Beruf, Sozialisation – das Sagen haben, ist die Produktion von „more of the same“ vorprogrammiert. Es werden weitere Personen mit diesen Merkmalen gefördert. „Homosoziale Reproduktion“ nennt dies die Wissenschaft. Es werden Regeln entwickelt und eingehalten, die dieser Homogenität entsprechen. Und es herrscht auch die gleiche Herangehensweise, wenn es um Aufsichts- und Monitoringfragen geht.
„Empirische Befunde und praktische Erfahrungen sprechen dafür, dass spezifische weibliche Qualitäten – entsprechend qualifizierte – Frauen zu Aufsichtsratstätigkeiten prädestinieren. Und dass Aufsichtsräte von der Kombination männlicher und weiblicher Qualitäten erheblich profitieren“, bilanziert Expertin Lehner.

---

14 Gabriele Lehner: Aufsicht ist weiblich? Neue Wege zum Unternehmenserfolg, MANZ Verlag Wien, 2011

Die besonderen Aufsichtskompetenzen von Frauen macht etwa die Studie „Woman in the Boardroom and Their Impact on Governance and Performance“ von Renée B. Adams und Daniel Ferreira deutlich. Die Forscher zeigen anhand einer Untersuchung amerikanischer Unternehmen, dass weibliche Vorstände signifikante Auswirkungen auf die Arbeit des Vorstands und die Betriebsergebnisse haben. Weibliche Vorstände beschäftigen sich stärker als ihre männlichen Kollegen mit Monitoringfragen. Die Ergebnisse der Untersuchung dokumentieren, so die Autoren, dass Geschlechterdiversität in Vorständen verstärkte Anstrengungen in Richtung Monitoring und Aufsicht nach sich zieht.

Aber Frauen bewirken nicht nur in Aufsichtsräten mehr: Eine Studie der Universität Helsinki zeigt, dass Firmen mit Frauen in der Chefetage eine um zehn Prozent höhere Kapitalrendite schaffen als die allein von Männern geführten. Die Unternehmensberatung McKinsey kommt ebenfalls zum Schluss, dass die Firmen mit vielen Frauen auf der Führungsebene finanziell überdurchschnittlich gut abschneiden.

Und Lynda Gratton, Professorin an der London Business School und Leiterin des Lehman Centre for Women in Business, berichtet: „Wir haben in 21 internationalen Unternehmen hundert Teams untersucht, die wichtige Projekte leiteten. Wir haben sie uns nach dem Kriterium angeschaut, wie die Zusammensetzung zwischen Männern und Frauen war. Das Ergebnis: Teams, die je zur Hälfte aus Männern und Frauen bestanden, arbeiteten in fast allen Gebieten optimal, in denen es auf Innovation ankam. War das Geschlechterverhältnis unausgewogen, fiel die Leistung deutlich ab.“
Unternehmen und Führungskräfte sind gut beraten, sich dieser Qualitäten bewusst zu sein. Und Frauen sind gut beraten, ihre Qualitäten auch zum Thema zu machen.

Weibliche Zukunft

In vielen Regionen der Erde sind Frauen bereits besser gebildet und erfolgreicher – und bewirken so einen grundsätzlichen Wandel unserer männerdominierten Welt.

Der Megatrend Female Shift[15] wird unsere Wirtschafts- und Arbeitswelt nachhaltig verändern. Die Forscher des Zukunftsinstituts bringen die Entwicklung des Megatrends auf den Punkt: Der Einfluss von Frauen in Gesellschaft, Wirtschaft und Politik nimmt stetig zu. Während weltweit zu erkennen ist, dass Frauen den Männern in Sachen Bildung generell den Rang ablaufen, besteht allerdings bei den Karrierechancen noch immer eine große Diskrepanz, um nicht zu sagen: Ungleichheit. Die Emanzipation der Frauen – also die Steigerung ihrer Wahl- und Entscheidungsmöglichkeiten – schreitet in allen Ländern der Welt voran, äußert sich in den verschiedenen Gesellschaftsformen aber auf unterschiedliche Art und Weise.

Karriereknick: für Papis ein Mythos

Viele junge Väter wollen, aber nur wenige trauen sich: Karenz nehmen. Eine Woche nach dem Internationalen Frauentag erreicht uns eine sehr beruhigende Meldung von Joanneum Research: Der von jungen Vätern gefürchtete Karriereknick ist ein Mythos. Laut Ergebnis einer neuen Studie verdienen Karenzväter zwei Jahre nach der Beendigung ihrer nachwuchsbedingten Auszeit gleich viel wie ihre männlichen Kollegen, die den Karrierepfad nicht verlassen haben.
Von den vielfältigen Angeboten, die sich kreative Köpfe in den Personalabteilungen heimischer Unternehmen ausgedacht haben, wird hierzulande nur sehr zögerlich Gebrauch gemacht – im Gegensatz zu skandinavischen Ländern, in denen halbe-halbe bei Erziehung und Haushalt längst Realität ist. 2011 waren es hierzulande ganze 21 293 Männer. Positiv ausgewirkt hat sich die Einführung der Kinderbetreuungsgeldvarianten im Jahr 2008 mit kürzerer Bezugsdauer und höherer Geldleistung.
Lag bisher die Assoziation nahe, dass die Entscheidung, welcher Elternteil zu Hause beim Kind bleibt, meist schon aus finanziellen Gründen zugunsten der traditionell schlechter verdienenden Mutter ausfiel, zeigte

15 Female Shift beschreibt einen grundsätzlichen Wandel unserer männerdominierten Welt. Mit der Auflösung der traditionellen Geschlechterrollen finden im Berufs- und Privatleben von Männern und Frauen massive Umbrüche statt.

das Studienergebnis, dass es am schnöden Mammon allein nicht liegen kann. Wird Väterkarenz nicht – wie in manchen skandinavischen Unternehmen als Teil von Frauenförderungsprogrammen verpflichtend eingeführt –, werden wir in Österreich wohl noch lange auf halbe-halbe und auf Karrierefrauen, die sich auch ihren Kinderwunsch erfüllen können, warten müssen.
Die ökonomischen Wandlungsprozesse in Folge der Wirtschaftskrise werden den Megatrend Female Shift in den nächsten Jahren entscheidend vorantreiben.

Weg zur Gleichstellung

Der vielbeschworene Gender Gap konnte in den letzten Jahren laut World Economic Forum größtenteils vor allem in den Bereichen Bildung und Gesundheit weiter geschlossen werden. Faktoren, an denen die Verringerung des Gender Gaps festgemacht wird, sind der Zugang zu Gesundheitsversorgung und zu Bildung, die politische Beteiligung und wirtschaftliche Gleichstellung. Selbst in Entwicklungsländern genießen Frauen heute genauso wie Männer eine höhere Schulbildung und sind berufstätig. Doch die Geschlechterkluft ist in puncto Führungspositionen, Verdienstmöglichkeiten und Karrierelevel noch immer stark spürbar. Die Politik könnte eine wichtige Rolle in der Weiterentwicklung des Megatrends Female Shift spielen – mit einem vernünftigen Beschluss zur Frauenquote oder dem weiteren Ausbau von Kinderbetreuungseinrichtungen.

Emanzipation heute

Emanzipation bedeutet nicht Gleichheit, sondern Freiheit der Wahl, so die Zukunftsforscher. Noch nie hatten wir eine solch ambitionierte Frauengeneration wie heute. Frauen sehen sich selbst als emanzipiert und selbstbewusst – und das über alle Generationen hinweg. Das gaben 50 Prozent der 14- bis 29-Jährigen bei der Allensbacher Markt- und Werbeträgeranalyse an (im Vergleich 1990: 38 Prozent). Die 30- bis 49-Jährigen sind noch um einiges selbstbewusster, nämlich zu 54 Prozent (1990: 40 Prozent). In der Frauengeneration 50 plus hat sich das Selbstbewusstsein seit 1990 fast verdoppelt: von 25 Prozent der 50- bis 64-Jährigen auf 49 Prozent. Im Schnitt möchte die Hälfte aller Frauen bis 64 Jahre durch einen Beruf unabhängig sein.

Keine Angst vor männlichen Verlusten

Das alles müssen auch Unternehmen zur Kenntnis nehmen, die es bisher mit fairen Chancen für Frauen nicht so genau genommen haben. Lynda Gratton vom Lehman Centre for Women in Business: „Die jungen Leute lassen sich heute weniger bieten und verlassen schneller die Unternehmen, wenn ihnen etwas nicht passt." Die demografische Entwicklung und das wachsende Diversitätserfordernis sind kräftige Impulsgeber für weibliche Karrieren.
Natürlich spielen auch gesetzliche und regulatorische Rahmenbedingungen eine Rolle: In einigen Staaten und von einigen Unternehmen wurden in den letzten Jahren Quotenregelungen für Frauen in Führungspositionen eingeführt, viele andere diskutieren darüber. Die Suche nach geeigneten weiblichen Kandidaten für frei werdende Positionen wird teilweise so intensiv betrieben, dass männliche Nachwuchskräfte bereits seufzen, zu einer Verlierergeneration zu gehören, heißt es in der GDI-Studie zur Zukunft der Führung.

Die gute Nachricht für Männer: So schlimm wird es nicht werden – dafür sind die ins Berufsleben nachrückenden Jahrgänge schlicht zu klein. Die bereits sinkende und sich aus demografischen Gründen noch kräftig weiter reduzierende Zahl an Neueinsteigern ist wohl auch der treibende Faktor dafür, dass mit dem Aufstieg von Frauen in Führungspositionen jetzt ernst gemacht wird - obwohl längst nicht alle gesteckten Ziele erreicht sind.

Internationalität gewinnt

Ein wichtiger Aspekt der Diversität ist auch die Kompetenz, mit unterschiedlichen Kulturen umgehen zu können. Dabei gilt: Mit Internationalität kann man nicht früh genug beginnen. Die Forscher des Zukunftsinstituts haben in ihrer Studie zum Megatrend New Work herausgefunden, dass sich die Pläne, im Ausland arbeiten zu wollen, zahlenmäßig stark nach Ländern unterscheiden. Dänemark ist Vorreiter: Hier geben 51 Prozent der Befragten an, künftig in der Ferne arbeiten zu wollen. Italien liegt mit nur vier Prozent an letzter Stelle. 83 Prozent der befragten Italiener geben an, dies nicht zu wollen. In der allgemeinen Wahrnehmung, geprägt durch Fernsehsendungen wie „Goodbye Deutschland!", in der Auswanderer ihre Geschichte erzählen, macht es den Anschein, als ob viele Deutsche gerne im Ausland ihrer Arbeit nachgehen wollten. Eine Befragung zeigt jedoch ein anderes Ergebnis. Nur elf Prozent beantworten die Frage, ob sie irgendwann die Absicht hätten, im Ausland zu arbeiten, mit „Ja", 77 Prozent beantworten sie mit „Nein". Damit liegt Deutschland im Ranking nur auf Platz 14. Nicht zu verkennen ist jedoch, dass es in jedem der befragten Länder viele Menschen gibt, die den Wunsch nach Arbeiten in der Ferne hegen, so die Zukunftsforscher. Sie treten ein in den globalen Arbeitsmarkt, auf dem Vielfalt immer mehr geschätzt wird.

Mit Vielfalt gewinnen

Wenn Vielfalt oder Diversity konstruktiv genutzt werden, generieren sie viel Kreativpotenzial, was einem Unternehmen in seiner Produktentwicklung enorm helfen kann. Neben der Herkunft können Arbeitnehmer in ihrer individuellen Verschiedenheit beispielsweisemit Mehrsprachigkeit oder individuellen Bildungswegen brillieren. Durch das Zusammenführen verschiedenster Talente und Kompetenzen können dann neue Lösungswege und innovative Arbeitsweisen entwickelt werden. In der Vielfaltsressource schlummern enorme Chancen: Unternehmen und Arbeitskräfte sollten sich gemeinsam darum bemühen, mit Vielfalt neue, florierende und inspirierende Win-win-Situationen zu schaffen.

Die neuen Spielregeln der Karrierewelt

Die Zweiteilung von Lebens- und Arbeitswelt ist aufgeweicht worden.

Auslagerungen, Trennungen, Umstrukturierungen, Übernahmen und Fusionen führen in rasantem Tempo zu einer weitreichenden Flexibilisierung unserer Arbeitswelt, deren einzige Konstante der permanente Wandel ist.
Was sich daraus für Erwerbstätige ergibt? Autonomie und Selbstverantwortung sind angesagt: Schließlich dürfen die nach 1980 geborenen Millennials weder mit raschem Berufseinstieg und unbefristeter Fixanstellung noch mit der planbaren Karriere rechnen. Während sich viele von Zeitvertrag zu Zeitvertrag hanteln und zu „Working poor" gezwungen sind, also einer Erwerbstätigkeit nachgehen, mit deren Einkommen sie kein Auskommen finden, steigen allerdings die Chancen für die gut ausgebildeten, flexiblen und mobilen 30-Jährigen: Wer sich auf die neuen Spielregeln der Wissens- und Dienstleistungsgesellschaft – mehr Selbstständigkeit, mehr Persönlichkeit, mehr Kommunikation, mehr Wettbewerb, mehr Veränderungsbereitschaft – einlässt, hat mehr Chancen denn je, dass sich seine persönlichen Anforderungen an Arbeit, Selbstverwirklichung, Spaß und Sinnfindung erfüllen.
Der entscheidende Punkt an den biografischen Veränderungen ist nämlich klar: Die Zweiteilung von Lebens- und Arbeitswelt ist aufgeweicht worden. Die ehemals getrennten Projekte „Selbstverwirklichung im Privatleben" und „Existenzsicherung im Beruf" werden zum Lebensprojekt des Ich-Unternehmertums.

6

Individualisierung der Karrieren

Nach dem Industriezeitalter und dem Goldgräberrausch des New Economy-Hypes sind wir endgültig im Wissenszeitalter angekommen. Wegen seiner immer volatileren Rahmenbedingungen wird es vielfach auch als Unsicherheitszeitalter bezeichnet. Vorhersehbar ist wenig: Unternehmen fusionieren, ändern ihre Kernbereiche, strukturieren um, verlagern ihre Produktionen in Billiglohnländer, automatisieren alles, was sich von Maschinen statt von Menschen erledigen lässt, ersetzen ihre Niederlassungen durch Präsenz im World Wide Web, reduzieren ihre Belegschaften auf ein Minimum, das in immer kürzerer Zeit immer mehr und komplexere Aufgaben zu erledigen hat und das rund um die Uhr.
Wie soll man angesichts dieser Entwicklungen die eigene Karriere planen? Individuen müssen zu Regisseuren ihres eigenen Berufslebens werden, also selbstbestimmter und autonomer agieren als bisher. Und noch etwas: Wenn wir in Zukunft über das 70. Lebensjahr hinaus arbeiten wollen oder müssen, sollten wir eine Arbeit suchen, die uns auch Spaß macht.

Unternehmen am Puls der Zeit

Globalisierung, steigende Lebenserwartung und Verstädterung, neue Technologien und der Aufstieg Asiens – all das verändert unsere Gesellschaft und unsere Arbeitswelt. Zukunftsorientierte Unternehmen haben es schon lange erkannt: Wir brauchen die besten Köpfe, um diese Entwicklungen für uns zu nutzen. Sie wissen: Gute Leute können sie nur finden und halten, wenn sie die gesamte Palette der Arbeitsformen bieten – Teilzeitjobs und Vollzeitbeschäftigung, Jobs im Büro, zu Hause oder irgendwo auf der Welt. Die Wahl des richtigen Unternehmens ist im Zeitalter der Globalisierung für Mitarbeiter die wahrscheinlich wichtigste Entscheidung überhaupt. Deshalb sollte man heute der Wahl des Arbeitgebers großes Augenmerk schenken – und nicht den erstbesten Job nehmen, auch, wenn die wirtschaftliche Entwicklung das nahelegt.

Arbeitgeber auf dem Prüfstand

Bei der Auswahl des richtigen Unternehmens hilft Ihnen die sogenannte „Wunderfrage". Die Grundannahme lautet dabei: Ein Wunder ist geschehen und Sie haben den idealen Job gefunden – besser geht's einfach nicht! Die entscheidenden Fragen, über die Sie gut nachdenken sollten, sind:

- Woran merken Sie, dass Sie Ihren Traumjob gefunden haben?
- Was unterscheidet ihn von anderen Jobs?
- Wie lässt sich Ihr Tätigkeitsbereich umschreiben?
- Was ist Unternehmensgegenstand?
- Wie ist das Klima im Unternehmen?
- Mit wem arbeiten Sie wie zusammen?
- Welche Rolle spielen Sie im Unternehmen?
- Was bedeutet dieser Job für Sie persönlich?

Wenn Sie sich mit diesen Fragen intensiv auseinandersetzen und konkrete Antworten entwickeln, ist das Ergebnis ein klares Anforderungsprofil an Ihren künftigen Arbeitgeber. Orientieren Sie sich in allen Phasen Ihrer Karriere daran: Bei Ende, Wende und Neuanfang. Die beste Antwort auf globale Unwägbarkeiten ist ein klarer individueller Karriere-Kurs.

Ein neues Mindset

Viele noch zu Beginn des 21. Jahrhunderts gehypte Unternehmen sind verschwunden, zerplatzt wie Seifenblasen. Geblieben ist etwas ökonomisch nicht Messbares: Eine neue Art, zu arbeiten. Ein neues Verständnis von Job und Karriere. Das Gefühl, dass Selbstverwirklichung und Beruf gar nicht so weit voneinander entfernt sind, wie man früher immer glaubte.
Wie anders wäre es zu erklären, dass in vielen IT-Unternehmen statt kühlen Büroumgebungen Wohnzimmeratmosphäre vorherrscht? Dass statt „Command & Control" die Devise „Come in & communicate, innovate, develop" den Arbeitsalltag prägt?
Die starren Gegensätze zwischen Arbeitgeber und Arbeitnehmer, zwischen Fremdbestimmung im Beruf und Selbstbestimmung in der Freizeit, zwischen Lebenssicherung und Selbstverwirklichung sind unwiderruflich verrückt.

Heute geht es bei beruflichem Erfolg um mehr, als um

- möglichst viel Geld am Bankkonto und möglichst wenig Zeit am Lebenskonto,
- das bedingungslose Durchkämpfen oder das schicksalergebene Durchdienen „nach oben",
- maximales Prestige und höchstmöglichen Status auf Kosten anderer.

Im neuen Karrieredenken geht es nicht nur um Existenzsicherung und Aufstieg, sondern auch um Selbstverwirklichung und Werteorientierung. Die „wonnabeme's", jene, die Arbeit mit Sinn suchen, Arbeitsinhalte, mit denen sie sich identifizieren können, sind unaufhaltsam auf dem Vormarsch. (Siehe auch Interview Harry Gatterer, S. 68). Erfolg haben und authentisch bleiben ist ihre Devise, die von Talentesuchern und Potenzialentwicklern und von Arbeitgebern auf der Suche nach den besten Köpfen Umdenken beim Rekrutieren, Beschäftigen und Weiterentwickeln erfordert.

Neuorientierung

Für berufliche Veränderung ist vor allem strategisches Vorgehen wichtig: Ein konkreter Zielerreichungsplan hilft, den Weg zu visualisieren. Marktforschung in eigener Sache, wie etwa die ausgiebige Recherche im Internet und das Durchforsten von Stelleninseraten, bietet Einblick in die Anforderungen des Arbeitsmarktes. Jene, die Lücken im eigenen Qualifikationsprofil entdecken, sollten rechtzeitig in ihre Weiterbildung investieren. Ende, Wende, Neuanfang: Das erfordert vor allem ein neues Karrieredenken.

Der alte Karrierebegriff

Das Karrieredenken von gestern beruhte auf folgenden Prinzipien:

- Karriere ist ein jahrelanger Prozess des Hochkletterns in starren Hierarchien, den besonders Geschickte eben besonders schnell absolvieren.

- Karriere hat einen Anfang – nämlich das Ende der Ausbildung beziehungsweise des Studiums – und ein Ende – nämlich den Ausstieg aus dem Berufsleben mit Erreichen des gesetzlichen Pensionsalters. Dazwischen ging es im Idealfall kontinuierlich bergauf – oder gar nicht.
- Karriere ist eine Frage der generalstabsmäßigen Planung: je größer der *Input* an formalen Qualifikationsnachweisen, desto größer der *Output* in Form des Aufstiegs auf der Karriereleiter.
- Karriere ist unvereinbar mit anderen Lebensschwerpunkten: Wer Karriere machen will, muss sich voll darauf konzentrieren – und darf sich nicht darüber beschweren, dass Familie oder persönliche Neigungen zu kurz kommen.
- Karriere ist ununterbrechbar: Wer einmal damit anfängt, Karriere zu machen, muss stetig weiterklettern – sonst ist er ein für allemal weg vom Fenster.
- Karriere ist ein Einzelkampf, die Zusammenarbeit mit anderen schwächt nur die eigene Position.

Dieses Karrieredenken hat im Zeitalter der vernetzten Wissensökonomie keine Zukunft und auch keinen Rückhalt im Lebensstil der Menschen. Es entspricht nicht dem Lebensgefühl einer Generation, bei der sich die Arbeit längst von ihrem Platz erhoben hat, und für die die Grenzen zwischen Arbeit und Freizeit im besten Fall deshalb aufgelöst sind, weil sie damit Geld verdient, wofür sie brennt.
Vor allem gilt aber: Das alte Karrieredenken ist mit den Spielregeln der Wissens- und Dienstleistungsökonomie nicht vereinbar.

Das neue Karrieredenken

Die Industriegesellschaft löst sich zwar nicht auf, gibt aber im Wirtschaftsgeschehen nicht mehr den Ton an. Das tut nun die flexible Dienstleistungs- und Wissensgesellschaft. Damit verändern sich die Spielräume für Arbeit und für Karrieren nachhaltig.

Die Dienstleistungs- und Wissensgesellschaft verlangt nicht nach standardisierter Massenproduktion, sondern erfordert ein rasches und flexibles

Reagieren auf Marktentwicklungen. Produkte und Dienstleistungen müssen schneller entwickelt, schneller am Markt platziert und auf die individuellen Bedürfnisse von Kunden orientiert werden. Nicht auf den reinen Gebrauchswert kommt es an, sondern darauf, wie der Nutzen eines Produktes oder einer Dienstleistung eingeschätzt wird. Und wie bei diesen Produkten wird auch bei Tätigkeiten in der Dienstleistungs- und Wissensgesellschaft Kommunikation immer stärker zum Erfolgsfaktor.

Das Flexibilitätserfordernis verlangt eine neue Organisation von Arbeitsprozessen: weg von der alles bestimmenden Hierarchie, die für standardisierten Massenprodukte ideal war, hin zu einer gemischten Netzwerkökonomie, in der Organisations- und Kommunikationsfähigkeiten notwendige Erfolgsvoraussetzungen sind – gerade deshalb, weil Wertschöpfungsprozesse oft in kürzester Zeit neu organisiert werden müssen. Das bedeutet für den Einzelnen: Kreativität, Innovationskraft, Selbstständigkeit, Organisations- und Improvisationsfähigkeit und die hohe Kunst der Kommunikation – intern wie extern – sind gefragt wie nie zuvor.
Je stärker das Wissen und die Kompetenz selbstständiger Mitarbeiter zum Erfolgsfaktor des Wirtschaftens werden, desto mehr werden Personalauswahl, -führung und -entwicklung zum entscheidenden Wettbewerbsfaktor. Von den Human Resources-Abteilungen der Unternehmen sind daher genauso Kreativität, Flexibilität und Improvisationsfähigkeit gefordert, wollen sie die besten Wissensarbeiter gewinnen und binden.

Die Konkurrenz um den eigenen Arbeitsplatz lauert in Zeiten des Outsourcings ganzer Abteilungen nicht im benachbarten Büro, sondern im dichten Netzwerk von Freelancern, neuen Selbstständigen und Ein-Mann-Unternehmen, das Unternehmen zunehmend umgibt.

Mehr Sein als Schein

Lieber der Wissens- als der Geldelite angehören.

Ziemlich genau 20 Jahre ist es her, dass mir einer der bekanntesten Headhunter des Landes auf meine Feststellung, dass er keinen Anrufbeantworter habe, entgegnete: „Ich brauch so etwas nicht, ich hab eine Sekretärin."
Die ist heute noch mehr Statussymbol als damals, als vielleicht auch noch die dicke Limousine zu den begehrtesten Fringe Benefits, also Sachleistungen, zählte. Heute überwinden auch CEOs immer öfter die Distanz vom Wohnort ins Headquarter mit dem Fahrrad oder der U-Bahn und die Firmenflotte ist nach der Devise „Ausleihen ist besser als besitzen" meist von großen Autoverleihern gestellt und administriert. Elektronische Gadgets wie das iPhone sind eher unter Jugendlichen Distinktionsmittel denn im Management.

Was wirklich begehrt ist, sind jene Dinge, die man sich mit Geld nicht kaufen kann: Zeit für sich zu haben, körperlich fit zu sein oder viele Sprachen zu sprechen. Dies ergab eine kürzlich veröffentlichte repräsentative Online-Befragung der Berliner Strategieagentur Diffferent.

Mehr als die Hälfte der Befragten nannte eine bewusste Auszeit von Handy und Internet als Möglichkeit, sich von anderen abzugrenzen. Und trotz Omnipräsenz von Social-Media-Plattformen ist für die Mehrheit der terrestrische Kontakt mit Freunden noch immer attraktiver als der virtuelle.

Neue Karriere-Biografien

Der gesellschaftliche und wirtschaftliche Wandel wird am besten nachvollziehbar, wenn man die Veränderung der Erwerbsbiografien analysiert. Die traditionellen Bildungs- und Arbeitsbiografien waren einfach und klar: eine Ausbildung absolvieren, in ein Unternehmen einsteigen und in diesem Schritt für Schritt an der eigenen Karriere arbeiten. Und das bis zum Ausstieg aus dem Erwerbsleben, der – wenn möglich, ein paar Jahre vor Erreichen des gesetzlichen Pensionsalters stattfand.

So einfach und so glatt geht es unter den neuen Bedingungen nicht mehr. Das klassische Muster heute: Ausbildung und Schule bis 22, Studium bis 25 oder 27, Praktika und Traineeships, erste Erwerbsarbeitsphase in einer fixen Anstellung oft erst um die 30, mehrmalige Arbeitgeberwechsel, Auslandsentsendungen, Familiengründung, zweite und dritte Karrieren, Berufswechsel, Branchenwechsel, Wechsel zwischen angestelltem Dasein, Selbstständigkeit und Phasen der Arbeitslosigkeit. Und möglichst lange noch nach dem 60. Geburtstag beruflich aktiv sein.

„Arbeiten, um zu leben", oder „Leben, um zu arbeiten", diese Frage ist obsolet geworden. Im Idealfall sind die Grenzen zwischen den ehemals getrennten Projekten „Selbstverwirklichung im Privatleben" und „Existenzsicherung im Beruf" Geschichte wie die Berliner Mauer, verschmolzen in einem harmonischen Lebensprojekt namens das ICH, in dem die Berufstätigen selbstbestimmt agieren.
Karriere lässt sich heute nicht mehr planen in aufeinanderfolgenden Positionen – Sachbearbeiter, Abteilungsleiter, Prokurist, Geschäftsführer, Vorstand – und auch nicht in Tal-, Mittel- und Bergstation. Eher sollte man sich auf ein Navigieren im Nebel einstellen. Die wichtigsten Tools, die man dafür benötigt?

Persönliche Kompetenzen:

- Selbstvertrauen, das begründet ist durch vielseitige Talente
- die nötige Flexibilität, sich mehrmals am Tag auf verschiedene Auftraggeber einzustellen
- ein herausragendes Zeit- und Selbstmanagement

- Kontaktfreudigkeit und Netzwerkkompetenz
- Selbstbeschränkung in Sachen Konsum und optimalerweise familiäre Rückendeckung
- Nervenstärke, sowohl für Flautezeiten, in denen es scheint, die Welt habe einen vergessen, als auch für Stoßzeiten, in denen alle vom Diener mehrerer Herren alles sofort haben wollen
- analytische Herangehensweise an Projekte und Prozesse
- die Fähigkeit, Teams zu moderieren
- kosmopolitisches Denken, exzellente Fremdsprachenkenntnisse und die Fähigkeit, auch Jüngere als Vorgesetzte zu akzeptieren, gehören zu den Erfolgsbasics quer durch alle Branchen.

Ende, Wende, Neuanfang: Mit den richtigen Kompetenzen und der richtigen Haltung ist das kein Drama mehr.
Subversiv sein, Persönlichkeiten mit Ecken und Kanten sind gefragt. Wer ein neues, ein zeitgemäßes Karrieredenken in die Tat umsetzen will, der sollte sich über eines im Klaren sein: Ging es im alten Karrieredenken darum, perfekt mit dem Strom zu schwimmen und nur ja keine Erwartung zu enttäuschen, so erfordert das neue Karrieredenken durchaus Subversionskraft.

Das neue Karrieredenken erfordert zu allererst den notwendigen Mut:
- den Mut, seine Ansprüche an den Beruf klar auszudrücken,
- den Mut, gegen den Strom zu denken und zu handeln, und
- den Mut, Jobs und Unternehmen anhand der eigenen Ziele zu wählen.

Wer Karriere neu denken will, der sollte sich nicht länger mit Antworten auf die alten Karrierefragen herumschlagen. Die da lauten:
- Wieviel will ich heute/nächstes Jahr/in fünf Jahren verdienen?
- Welcher Arbeitgeber zahlt die höchste Gage?
- Wie lange muss ich arbeiten?
- Wieviel Urlaub steht mir zu?
- Wie schlage ich die Mitbewerber aus dem Rennen?
- Wie verhindere ich, dass mich andere aus dem Rennen schlagen?
- Was muss ich tun, um meine Position abzusichern?

Diese Fragen entspringen einem linearen, hierarchieorientierten und materiell definierten Karriereverständnis, in dem Erfolg ausschließlich als Bewegung nach oben verstanden wurde: mehr Macht, mehr Einkommen, mehr Prestige, mehr Mitarbeiter.
In unserer aktuellen Wirtschafts- und Arbeitswelt sind sie weder zielführend noch richtungsweisend.

Karriere neu denken erfordert es, Antworten auf die neuen Karrierefragen zu finden. Wie zum Beispiel:

- Wie eigne ich mir multipel einsetzbare Kompetenzen, Techniken und Fähigkeiten an?
- Was will ich gerne und damit gut tun?
- Welcher Arbeitgeber passt am besten zu mir – zu meinen Zielen, Vorstellungen und zu einem Verständnis von erfolgreichem und verantwortungsvollem Wirtschaften?
- Wie ist es möglich, beruflich erfolgreich zu sein, ohne dafür Familie, Freunde und Privatleben zu opfern?
- Was mache ich, wenn ich mich verändern will? Worauf kommt es beim Neustart mit 40 oder 50 an?
- Wie setze ich meine Ideen und Vorstellungen als Selbstständiger in die Tat um? Wie baue ich ein Netzwerk gemeinsam mit anderen Selbstständigen auf?
- Wie lerne ich möglichst viele und möglichst die richtigen Leute kennen, die mir geistig auf die Sprünge helfen und mich gegebenenfalls auch weiterempfehlen?

Die folgenden Interviews sollen sie dabei inspirieren, für sich die richtigen Antworten auf diese Karrierefragen zu finden. Ende, Wende, Neuanfang: Wer seine Karriere neu denkt, denkt quer statt linear.

Im Flow ist, wer sein will, was er ist

Lust oder Frust – dem Glück am Arbeitsplatz kann man auf die Sprünge helfen.

Die einen sagen „Endlich Freitag!", die anderen „Endlich Montag!". Wer meint, dass die Gruppe der freizeitoptimierenden Schonhaltungseinnehmer und jene der multitaskingpotenten Selbstentfalter am Arbeitsplatz ein angeborenes Gen unterscheidet, irrt. Zumindest wenn es nach dem Autor des soeben erschienenen „Handbuchs zum Glück" geht, der den Besuchern der Messe „Zukunft Personal" Ende September in Köln eine persönliche Anleitung zum Glücklichsein geben wird.

Harvard-Dozent Florian Langenscheidt ist überzeugt, dass sowohl Arbeitgeber als auch Arbeitnehmer ihrem Glück gewaltig auf die Sprünge helfen können. Selbst ein hohes Arbeitspensum sei unkritisch, wenn derjenige, der es erbringe, Sinn in seiner Tätigkeit sehe. Wer nur Unmengen an Routinearbeit vor sich sieht, hat freilich keine Aussicht auf den berühmten Flow, jenes begehrenswerte Gefühl, eins zu sein mit sich selbst, den eigenen Erwartungen, der eigenen Arbeit und der Umwelt. Menschen könnten, von Extremsituationen einmal abgesehen, aus allen Lebensumständen Glück schöpfen, ist Langenscheidt überzeugt.

„Die Umstände bilden nur den Rahmen. Wie ich die Ausmalvorlage des Lebens gestalte, mit bunten Farben oder eher düster gehalten, bleibt mir selbst überlassen." Was Arbeitgeber für das Glück ihrer Mitarbeiter tun können? „Menschen ernst nehmen, sie fair behandeln und ihnen größtmögliche Freiheit geben. Glücklich ist, wer das sein will, was er ist."

Trendforscher und Zukunftsdenker

In vielen internationalen Konzernen gibt es gar keine fixen Arbeitsplätze mehr

Systemisch betrachtet sind Unternehmen keine abgeschlossenen Einheiten mehr, sondern organische Gebilde, die sich situationsbedingt überaus dynamisch verändern, analysiert

Harry Gatterer

Leiter des Zukunftsinstituts Deutschland und Österreich

Biografie

Harry Gatterer gründete 2002 die Lifestyle Foundation in Kufstein. Unter seiner Leitung entstand eine junge und trendorientierte Ideenschmiede. Trends und Designevolutionen werden für Unternehmen erforscht, entwickelt und umgesetzt. Bereits im Alter von 20 Jahren startete Harry Gatterer erfolgreich ins Unternehmertum. Gemeinsam mit drei Geschäftspartnern gründete er das Wohnatelier/Kitzbühel. Weiters gründete er die Trendfirma für Produkt- und Designentwicklung look4design, die heute innerhalb der Lifestyle Foundation operiert.
Er entwickelte zahlreiche Trendkonzepte, für kleinere Unternehmen ebenso wie für große Konzerne. Workshops und Seminare zum Thema Trends und Zukunft, Lifestyle und Design. Gatterer ist Autor der Studien „Living in the Future“, „Future of Work“, “Zukunft der Hotellerie”, “Büro der Zukunft” und „Lifestyle Report“. Darüber hinaus verfasste er zahlreiche Fachartikel zu Lifestyle, Wohnen, Design und Workstyle. Außerdem ist Gatterer gefragter Vortragender.

„Wenn man sein Leben über eine Stelle definiert, dann ist das total schlimm und die Zukunftsängste und die Existenzangst sind nachvollziehbar ...“

Welche Trends haben aktuell den größten Einfluss auf unseren Arbeitsmarkt?
Die Zunahme der Komplexität durch Technologien, Globalisierung und die Fragmentierung der Arbeit ist unheimlich fordernd. Die Arbeit ist wesentlich kleinteiliger geworden, es bildet sich ein Spezialistentum aus.

Ein Beispiel aus einem Unternehmen, das Sie gut kennen?
Zum Beispiel die 1870 gegründete Seifenfabrik in Luhns. Die haben anfangs alles selbst gemacht, von der Herstellung bis zum Verkauf. Die Bereiche waren relativ klar und überschaubar.
Heute brauchen sie neben der Rezeptur Designer, Rechtsanwälte, Trendscouts, Übersetzer, jemanden, der sich in unterschiedlichsten Kulturen bewegen kann, Chemiker, Techniker, Grafiker für viele Einzelbereiche.
Das ist so gigantisch, was Unternehmen heute zu einem System von Netzwerken macht. Das macht es komplexer und wenn wir uns die jeweiligen Organigramme vorstellen, das erzeugt Unsicherheit.
Die über 40-Jährigen sind in Organigrammen groß geworden, Jüngere in Netzwerken. Die 40 plus fühlen sich unwohl. Der Umgang mit der Komplexität ist ein entscheidendes Kriterium.

Was macht den Unterschied aus zwischen Agieren in Organigrammen und Arbeiten in Netzwerken?
Wer Organigramme gewohnt ist, geht nach oben fragen. Der da oben weiß es oft nicht, ist oft auch der falsche Ansprechpartner. Das führt zu einer langsamen Fehlerkette. Flexible Organisationen verlangen Mitarbeiter, die einmal in Projekten zusammenarbeiten, temporär Führungsrollen einnehmen, die also flexibel switchen.

Hat das auch die Bürolandschaften verändert?
In vielen internationalen Konzernen gibt es gar keine fixen Arbeitsplätze mehr. Man lässt sich am gerade freien Schreibtisch nieder. Jeder muss sich fragen, ob er wirklich seine eigene kleine Zelle braucht, oder nicht einfach Teil des Teams ist.
Wir haben es zunehmend mit fluiden Organisationen zu tun, sie sind durchlässig statt starr.

Innovation und Kreativität zählen aktuell zu den wichtigsten Wettbewerbsfaktoren. Wie kommt das Neue in die Welt?

Firmen aus den unterschiedlichsten Branchen finden sich in Coopetition-Szenarien wieder, in denen selbst mit dem härtesten Wettbewerber projektorientiert eng zusammengearbeitet wird wie zum Beispiel Samsung und Apple.

Systemisch betrachtet sind Unternehmen keine abgeschlossenen Einheiten mehr, sondern organische Gebilde, die ihre Form und Größe je nach Aufgabenstellung und Marktlage überaus dynamisch verändern.

Wie schafft man es für sich selbst, Grenzen zu ziehen?

Sie werden nicht mehr von außen in einer Starrheit vorgegeben. Das erzeugt Verlustängste. Das Grenzenlose wird nicht als Gewinn wahrgenommen, sondern erzeugt Angst. Das erfordert Wahnsinnstärke von Individuen, am Thema dranzubleiben, den Gesamtkontext nicht zu verlieren. Wenn man Arbeit historisch betrachtet, wächst ihr Volumen. Es gibt aber immer Bereiche, die zurückgehen.

Alles, was von Computern erledigt werden kann?

Die Automatisierung bringt unter anderem, dass man vielleicht nicht mehr jede Excelliste schreiben muss, sondern das den Rechner erledigen lässt. Ein großes Dienstleistungsunternehmen, das seine Anträge online von Kunden ausfüllen lässt, spart sich eine Menge Inhouse-Arbeitsschritte, löst aber auch extern viele weitere aus.

Bei Digitalisierung fallen die Schritte weg und auch die Arbeit und die Plätze.

Davor haben viele Arbeitnehmer Angst …

Wenn man sein Leben über eine Stelle definiert, dann ist das total schlimm und die Zukunftsängste und die Existenzangst sind nachvollziehbar. Aber in der Entwicklung ist das ein ganz normaler Vorgang. In Skandinavien etwa gibt es keine Arbeitslosen, sondern nur Leute zwischen Jobs. Erwerbstätige im 21. Jahrhundert müssen Flexicurity-Kompetenzen erwerben, die multipel einsetzbar sind.

Das Rüstzeug, für den Gang in eine Zukunft, die im Nebel liegt?
Wir müssen uns auf uns selbst verlassen können, intuitives Handeln trainieren, Offenheit, dafür, dass der nächste Schritt nicht der erwartete ist, aber dass es trotzdem ok ist. Am Berg etwa trete ich in einen Bach hinein. Ich kann sagen „Oh, scheiße“, oder „Ok, ist ein Bach“.

Tun sich damit Jüngere oder Ältere leichter?
Wenn man 40, 45, 50 ist, weiß man, dass man etwas mit sich herumträgt, womit sich kommende Generationen schwerer tun: mit dem in Ruhe kommen, man hat ja schon viel getan, man verfügt über Erfahrungswissen, hat vielleicht nicht mehr den Erlebnisdruck, eine gewisse Form von Gelassenheit trotz Neugierde.
Wenn man den Weg gegangen ist, hat man natürlich auch Menschen um sich herum, die unterstützen, helfen können, wo man einmal nachfragen kann.

Welche Persönlichkeiten werden in Zukunft gefragt sein?
Diejenigen, die aussteigen können aus der geglaubten Rolle des fragmentierten Wissens. Was wir immer mehr brauchen können, sind Allrounder, die Spezialisten verstehen, sodass sie sie koordinieren können. Das wird eine große Aufgabe für die Zukunft.

In welchen Branchen sehen Sie großes Wachstum?
Der ganze Bereich Gesundheit wird noch enorm wachsen aufgrund des demografischen Wandels und der wachsenden Ansprüche der alternden Bevölkerung.

Wie sieht es mit Consulting aus?
Die klassische Beratung steckt in der Krise, gleichzeitig steigt die Nachfrage nach Spezialberatung, Energieberatern, Finanzberatern, Partnerberatern.

Wie sind multigenerationale Teams zu führen?
Das Um und Auf ist Wertschätzung und Achtsamkeit jeder Altersgruppe gegenüber. Unternehmen sind auf Profit, Leistung, Innovation getrimmt. Das spricht nicht unbedingt für Wertschätzung.

Teilweise steigt die Kommunikationsgeschwindigkeit. In manchen Unternehmen muss binnen zehn Minuten auf E-Mails geantwortet werden.

Was zeichnet die Unternehmenskultur aus, die Talente anzieht?
Alles, was mit Kultur der Unternehmen zu tun hat, hat massives Stolperstein-Potenzial, die Kultur ist um vieles stärker als die Strategie, die ist ja noch ein Plan und virtuell. Teams werden übernommen, oft ist dann eine Führungskraft nicht kompatibel.
Auch einen Erfolg auf eine Person zurückzudatieren, ist fahrlässig.

Was bringt der Ruf nach mehr Frauen in die Führungsetagen?
Ich kenne einen Vorstand aus einem deutschen DAX-Unternehmen, der von sich aus ausgestiegen ist, weil er die enge Bubenkultur, das lineare Denken dort nicht ausgehalten hat.
Talentierte haben mehr Bewegungsfreiheit, deshalb ist Recruiting eines der wichtigsten Instrumente eines Unternehmens.
Manche Unternehmen sind sehr geschickt im Attrahieren und dabei, den Talenten den nötigen Freiraum zu geben, für Gestaltung und den Erfolg zu teilen. Google, KTM, oder Red Bull, diese Marken haben so einen Sexyness-Faktor. Die Banken derzeit nicht, die haben eine Kultur, die das Anderssein dürfen sehr schwer macht.

Welche Anforderungen müssen die Leader von morgen erfüllen?
Leadership bedeutet immer öfter, Grenzen und Barrieren innerhalb und am Rande des Unternehmens zu hinterfragen und Abläufe nicht abschnittsweise zu denken, sondern den Schritt von der Prozesskettenoptimierung zur interdisziplinären Zusammenarbeit zu machen. Unternehmen sind tatsächlich in Prozessschritten gedacht. Craft Architects haben mir das lebhaft beschrieben, wie sie das umgemodelt haben: Planungsphase, Ausschreibung, Bauphase – da sind immer andere Leute involviert.
Craft Archtitects beziehen Leute, die normal erst zum Schluss kommen, von Anfang an ein. So können Fehler vermieden werden.
Brückenschläge: In Dänemark, oticon, ein großer Hersteller von Hörgeräten, mit an die 1000 Mitarbeiter, hat ein System, bei dem die Mitarbeiter

alle zwei bis drei Monate den Arbeitsplatz wechseln. Da entsteht neues kollektives Denken und Verständnis für die Firma.

Stirbt das Mittelmanagement aus, im Zuge der großen Globalisierungswelle, der Merger und Akquisitionen, haben Hierarchien überhaupt ausgedient?

Auf das Zeitalter der pyramidenartigen Strukturen (hoch, schlank, zur Spitze hin dünner werdend) folgte die flachere Pyramide und schließlich die komplexe Matrixorganisation mit ihren mehrdimensionalen Organisationscharts.

Es bilden sich immer wieder Pyramiden, die sich aber auch wieder verflachen. Manager müssen imstande sein zu coachen und zu führen, dann zieht wieder ein anderer eine Pyramide hoch.

In großen Unternehmen stellt sich die Frage, wer reportet an wen? Einen Teil von Verantwortungsbereichen und Hierarchie wird es immer geben. Man braucht Formen, aber nicht mehr so steile, sondern fluide.

Jetzt ist eine Generation am Start, die die Welt in Netzwerksituationen wahrnimmt. Für die ist Karriere der Weg zu sich innerhalb unterschiedlichster Netzwerke, Unternehmen, Projekte, Karriere, die zu sich selbst führt. Die Reise in die Zukunft eines Menschen, der schon viel Weg hinter sich hat, ist Karriere nichts was außen liegt.

Abnehmende Bedeutung von „Vitamin B“

Ziel für Karriereeinsteiger sollte es sein, dereinst für ihr Hobby bezahlt zu werden. Mid Ager sollten sich fragen, ob sie ihren 50. Geburtstag beim aktuellen Arbeitgeber überleben und im Zweifelsfall proaktiv das Gespräch mit dem Vorgesetzten suchen, empfiehlt

Dr. Franz Schellhorn

Leiter der Denkfabrik Agenda Austria

Biografie

Franz Schellhorn ist seit Februar 2013 Leiter der Denkfabrik Agenda Austria. Der gebürtige Salzburger, Jahrgang 1969, studierte von 1992 bis 1997 Handelswissenschaften an der Wirtschaftsuniversität Wien. Zuvor (1991–1992) absolvierte er eine Bankausbildung in der Creditanstalt-Bankverein (Wien/Salzburg). Von 1997 bis Jänner 2013 war er bei der Tageszeitung „Die Presse“, wo Schellhorn von 2004 bis Jänner 2013 als Leiter des Wirtschaftsressorts und von 2011 bis Jänner 2013 zusätzlich als stellvertretender Chefredakteur fungierte.
Von Juni 2007 bis August 2013 erschien seine wöchentliche Kolumne „SuperMarkt: Was Kapitalismus kann und wofür er nichts kann“. Schellhorn ist verheiratet und hat zwei Kinder im Vorschulalter.

„Jüngere Leute sind wesentlich illusionsbefreiter was das Arbeiten betrifft.“

Interview

Was sind die großen Megatrends, die Karrierewege in den letzten zehn Jahren beeinflusst haben?

Ich sehe den wirklichen Trend darin, dass die Fluktuation viel stärker geworden ist. Aber auch der Druck, seinen Marktwert täglich darzustellen.

Bei Jüngeren?

Jüngere Leute sind wesentlich illusionsbefreiter was das Arbeiten betrifft, auf der anderen Seite viel naiver. In der „Presse“ habe ich die Erfahrung gemacht, junge Kollegen überreden zu müssen, einen regulären Arbeitsvertrag zu unterschreiben. Die haben geglaubt, damit werden sie eingesperrt. Dabei hatte der Journalisten-Kollektivvertrag für sie nur Vorteile. Überhaupt scheint Geld jungen Leuten weniger wichtig zu sein. Eine Naivität, weil sie nicht wissen, wieviel Geld sie die nächsten 15 Jahre brauchen. Wie man von den Einstiegsgehältern – etwa in der Forschung – leben und eine Familie ernähren kann, ist mir ein Rätsel. Zudem gibt es einen weiteren Trend: Es gibt heute keine Scham mehr, von der Arbeitsleistung anderer zu leben. Wer heute mit 35 Jahren noch im „Hotel Mama" wohnt, wird von seinen Freunden ausgelacht. Wer heute mit 35 vom Sozialstaat lebt, dem wird fast schon gratuliert.

Derzeit sind die Babyboomer von einst die ältesten Mitarbeiter der Unternehmen. Die ab den 60er-Jahren dank Pillenknick schwächeren Geburtsjahrgänge sind heute 45 plus. Der allseits prognostizierte „War for Talent" ist aber dennoch nicht eingetreten, oder?

Nein. Vielleicht kann der – zeitverzögert – noch kommen. Der einzige Ort, wo Arbeitgeber Mitbewerbern das Personal vom Parkplatz weg abwerben, ist vor Krankenhäusern in Vorarlberg. Da stehen Klinikbetreiber, aus der Schweiz und aus Deutschland, die sich aktiv um heimische Fachkräfte bemühen. In die Schweiz zu gehen, bringt den Riesenvorteil der gemeinsamen Sprache und der vergleichsweise hohen Gage. Die Politik spielt im Berufsleben eine viel geringere Rolle, dafür ist aber mit nicht allzu viel Humor zu rechnen.

Die wichtigste Frage, die sich Karriereeinsteiger stellen sollten?

Stimmen meine Fähigkeiten mit dem überein, was ich gerne machen möchte? Ziel sollte sein, für sein Hobby bezahlt zu werden. Bei einigen beginnt das schon vorher, bei der Ausbildung. Die meisten meiner Studienkollegen haben nie ein Praktikum gemacht und wenn doch, dann nur in der Post. Heute ist das anders, viele gehen ins Ausland. Zum Glück.

Worauf sollten Einsteiger bei Initiativbewerbungen achten?

Auf keinen klinischen CV. Eingestellt wird zwar oft derjenige der heuchelt, dass er 7 Tage 24 Stunden zur Verfügung steht. Ich stelle mir aber eher die

Frage, warum jemand so lange braucht, um gewisse Dinge zu schaffen. Und warum jemand kein Privatleben hat.

Was ist die größte Hürde beim Wettlauf um eine Position?
Es vom Bewerbungsschreiben zum Gespräch zu schaffen, das ist wie in der Millionenshow, in die Mitte zu kommen.

Welche Rolle spielt Protektion?
Die Bedeutung von „Vitamin B" nimmt ab, jene der Persönlichkeit, der Kompetenzen und bereits nachgewiesener Leistungen zu. Wenn jemand mit einer Empfehlung oder infolge einer Intervention zu einem Gespräch kommt, kann das sogar kontraproduktiv sein.

Die wichtigsten Karrierefragen für Mid Ager?
Überlebe ich meinen 50. Geburtstag in dem Beruf oder Job, in dem ich gerade beschäftigt bin, und habe ich Aussicht auf eine Führungsposition? Laut Arbeitsrecht kann man sich von Mitarbeitern, die unter 50 sind, noch einigermaßen leicht trennen. Der exzessive Schutz durch das Arbeitsrecht ist die größte Gefahr für die Mid Ager. Der rückt sie total in den Fokus. Arbeitgeber oder deren Controller fragen sich: „Bringt der das, was er verdient, oder gibt's schon zwei Junge, die dasselbe können?" Man kommt in eine gefährliche Phase, weil man viel stärker überprüft wird, Gehaltskürzungen oder Änderungskündigungen sind heute keine Seltenheit mehr. Eine andere wichtige Frage, die man sich in dem Alter stellen sollte ist die, ob es nicht an der Zeit wäre, noch einmal etwas anderes zu machen.

Sie selbst haben vor zwei Jahren bei der Tageszeitung „Die Presse" gekündigt und sind Geschäftsführer des Think Tank Austria geworden. Ein sichereres Pflaster als die krisengeschüttelte Medienbranche?
Sicher? Das hier ist das riskanteste Venture überhaupt. Mein Vertrag war anfangs nur auf drei Jahre ausgestellt und ich konnte ja nicht wissen, ob was aus diesem Unternehmen, das rein privat von unterschiedlichen Partnern finanziert ist, wird.

Ältere Arbeitnehmer sollen immer länger arbeiten, aber Unternehmer lieben Junge. Was ist zu tun, seitens der Politik, der Unternehmen, der Interessensvertretungen, der Erwerbstätigen?
Wir müssten jedes Jahr drei Monate später in Pension gehen. Man glaubt, dass man durch ein niedrigeres Pensionsantrittsalter Jobs für die Jungen freikriegt. Studien belegen aber, dass auch die Beschäftigung Jüngerer steigt, wenn Ältere länger arbeiten, weil die Dynamik insgesamt größer ist.

Ist das Senioritätsprinzip bei der Vergütung ein Auslaufmodell?
Überall, wo man es geschafft hat, die Beschäftigungsquote älterer Arbeitnehmer anzuheben, sinkt die Lohnkurve im oberen Bereich ab dem 55. Lebensjahr, dann kommt noch die Abfertigung dazu. In Schweden etwa gehen die Arbeitskosten ab 55 nach unten. Das Senioritätsprinzip muss abgeschafft werden.
Dabei müssen Arbeitnehmer aber gar nicht weniger verdienen, das Nettolebenseinkommen soll gleichbleiben. Der Staat soll einfach auf die Einhebung der Lohnnebenkosten für Ältere verzichten, das wäre zehnmal gescheiter. Und es soll auch ok sein, wenn jemand nur 30 Jahre arbeiten will. Dann kriegt er eben weniger Pension. Aber der einzige, der sich in der Flexibilitätsfrage bezüglich Lebensarbeitszeit kaum rührt, ist der Gesetzgeber. Als Mid Ager müsste man am meisten verdienen, kurz vor der Pension eben weniger. Später auf Geld zu verzichten, darf nicht Einbuße der Wertschätzung bedeuten.

Was empfehlen Sie Arbeitnehmern um die 50, die wissen, dass sie noch sehr lange bis zur Pension arbeiten müssen, aber das Gefühl haben, im Fokus des Controllers zu stehen?
Zum Chef zu gehen, ihm zu kommunizieren, dass man sich der Kostenproblematik bewusst ist und gemeinsam eine Lösung zu suchen. Es ist wichtig, derartige Probleme offensiv anzugehen. Wenn erst einmal der Blaue Brief im Postkasten ist, ist es zu spät.

Was wäre seitens der Politik zu unternehmen, um das tatsächliche Pensionsantrittsalter zu heben?
Der Kündigungsschutz ist einerseits der Freund, andererseits aber auch

der Feind älterer Erwerbstätiger. Die Ärmsten sind die, die wegen einer Betriebsschließung aus dem Arbeitsprozess rausfallen und keinen neuen Job mehr bekommen, weil der neue Arbeitgeber Angst hat, das Arbeitsverhältnis nicht mehr auflösen zu können. Politiker sollten sich stärker mit der gesicherten Literatur beschäftigen. Die These „wenn der Opa einen Job hat, geht das Enkelkind stempeln" ist grundfalsch. Man muss in der Politik wollen, dass mehr Ältere beschäftigt sind. Die Realität sieht aber anders aus: Das durchschnittliche Pensionsantrittsalter in der öffentlichen Verwaltung, etwa bei der Stadt Wien, liegt bei der Hälfte der Beschäftigten bei 54 Jahren.

Was würden Sie heute anders machen, würden Sie nochmals am Beginn Ihrer Karriere stehen?

Ich war eineinhalb Jahre bei der Creditanstalt, habe bei der CA in London als Student gearbeitet und bin dann zur Tageszeitung gegangen. Heute würde ich früher zu studieren beginnen, als erst mit 22 Jahren nach absolvierter Handelsakademie, dem Bundesheer und der Bankausbildung, und ich würde länger im Ausland studieren.

Was sind die wichtigsten Karrierefragen?

Abgesehen von den fachlichen Kompetenzen und Qualifikationen die Teamfähigkeit, also die Frage, wie bereit ich bin, mit anderen zusammen zu arbeiten. Bin ich lieber Angestellter oder selbstständig, kann ich von meinen Arbeitseinkünften leben und welche Rolle spielen Arbeit und Einkommen in meinem Leben?

Welche Studien- oder Berufswahl und welche Karriereplanung würden Sie einer heute 18-jährigen Tochter oder einem Sohn empfehlen?

Dass sie hoffentlich eine Option auf eine berufliche Existenz im Ausland hat. Etwa in der Schweiz oder in Kanada. Zwei Länder mit einem guten Zugang zum Thema Wirtschaft. Es schaut nämlich so aus, als würde es bei uns im Kern der EU so weitergehen wie bisher. Aber aus Asien und auch aus Osteuropa kommen Millionen junger Menschen, die noch viel mehr erreichen wollen als wir. Auch, weil sie viel weniger haben, und nicht glauben, dass der Wohlstand aus der Druckerpresse in Frankfurt kommt. Dort hat Bildung einen viel höheren Wert. Auch bei uns haben im Übergang vom 19. auf das 20. Jahrhundert die ärmsten Zuwanderer alles Geld zusammengekratzt, um ihre Kinder an die besten Schulen zu schicken. Ganz nach der Devise „Streng Dich an und aus Dir wird was!" Heute zählt Leistung in Österreich nur noch im Spitzensport. Bei einem Marcel Hirscher etwa. Aber sonst bleibt man als Österreicher lieber Durchschnitt, dort ist es am gemütlichsten. Wer durch Exzellenz herausragt, steht im Verdacht, ein Leistungsschwein zu sein, das die Besseren beleidigt oder an den Rand drängt. So wird das mit dem Erhalt des Wohlstands eher nichts.

Headhunter, Personalberater

Was für den Schatz im Silberhaar spricht

Vorurteile gegenüber älteren Arbeitnehmern sind im Abnehmen. Lebenserfahrung und Besonnenheit sind wesentliche Assets. Und als großes Plus, das für den Schatz im Silberhaar spricht, kommt hinzu, dass die durchschnittliche Verweildauer Älterer viel höher ist, konstatiert

Mag. Martin Röhsner
Unternehmer, Geschäftsführer *die Berater*

Biografie

Martin Röhsner studierte an der Wirtschaftsuniversität Wien Handelswissenschaften und ist diplomierter Coach und Wirtschaftstrainer. Er ist Gründer und Geschäftsführer des Aus- und Weiterbildungsspezialisten *die Berater*, übernahm mit Ende 2008 die Catro Personalberatung, einen der renommierten heimischen Betriebe in der Szene. Neben Coaching, Consulting und Training bietet der Unternehmer somit alle wichtigen Personalberatungsdienstleistungen aus einer Hand an. Catro ist mit Niederlassungen in Bulgarien, Ungarn, Slowakei und Slowenien vertreten. Der Consulter *die Berater* beschäftigt nach eigenen Angaben etwa 400 Mitarbeiter an über 50 Standorten in Österreich.

„Man sollte sich rechtzeitig die Frage stellen: Halte ich's bis ans Ende meines Berufsleben in dieser Tätigkeit aus?"

Interview

Zukunftsforscher prognostizieren uns im Zuge einer Erwerbsbiografie mehrere Job- aber auch Berufswechsel. Das geht oft mit Branchenwechsel einher. Wie leicht ist es, in Neuland umzusteigen?

Einem Theologen billigen Personalisten soziale Intelligenz zu, dem Archäologen den Blick fürs Detail, dem Philosophen Reflexionsstärke und

Verständnis komplexer Zusammenhänge. Klischees zwar, die aber als Basis bei der Überlegung dienen, welchen Zusatznutzen der Quereinsteiger einem Unternehmen bringen kann. Bei der Auswahl eines künftigen Arbeitgebers gilt es, sich selbst die Treue zu halten: Ein pazifistischer Priester, der sich um einen Job in der Rüstungsindustrie bewirbt, ist unglaubwürdig.

Wir sollen aufgrund der steigenden Lebenserwartung immer länger arbeiten. Was sollten sich Arbeitnehmer 40 plus fragen, die sich nicht vorstellen können, noch 20 Jahre weiterzumachen?

Die wichtigste Frage: Stimmt der Istzustand mit meinen Erwartungen oder beruflichen Zielen überein? Diese Feedbackschleife sollten nicht nur Mid Ager regelmäßig ziehen. Reflektieren muss man sich aber leisten können. Es nützt mir nichts, wenn ich den Job absolut zur Existenzbesicherung brauche. Ich habe im Moment mit vielen zu tun, bei denen die Frustration zur Sinnfrage führt. Sie bedauern, dass alles immer schlimmer wird:

- der Arbeitsdruck
- die Angst vor Arbeitsplatzverlust
- die Angst, krank zu werden.

Inzwischen sind Unternehmen verpflichtet, psychische Belastungen zu evaluieren.

Was heute Burn-out genannt wird, dahinter steckt oft die Unfähigkeit, sich mit seiner eigenen Situation auseinanderzusetzen. In dieser Altersgruppe tritt das stärker auf, als bei unter 40-Jährigen, weil man auch widerspruchsbereiter ist.

Betrifft das auch Selbstständige?

Essenzielle Fragen stellen sich nicht nur Arbeitnehmern, sondern auch Unternehmern und Selbstständigen in der Mitte ihrer Berufslaufbahn. Ich kenne viele Unternehmer, die mürbe sind aufgrund des permanenten Misstrauens, das ihnen entgegenschlägt – jüngstes Beispiel die verpflichtende Einführung der Registrierkasse.

Wir leben in einer Gesellschaft, die Leistung zum Fetisch erhoben hat ...

Für die Arbeitnehmer gilt: In unserer Gesellschaft muss der CV nach oben zeigen. Nach gängiger Meinung bedeutet Aufstieg Lebensqualität. Natürlich geht's aber auch ums soziale Umfeld. Man sollte sich nicht ausschließlich über das Unternehmen, für das man arbeitet, definieren und identifizieren.

Auch die Chefetagen werden zum Ringelspiel ...

Es gibt keine Schonfristen mehr in unserer von Nervosität geprägten Wirtschaft. Betrug die Verweildauer der Chefs in den 50 größten deutschen Industrieunternehmen im Jahr 1990 durchschnittlich zehn Jahre, waren es 2005 nur noch siebeneinhalb Jahre. „Manager kommen gar nicht mehr dazu, die entwickelten Strategien zu verfolgen, die gesteckten Ziele zu erreichen. Auf oberen Ebenen werden vorschnell ohne fundierte Analysen Entscheidungen getroffen, um dem Vorwurf zu entgehen, man habe nicht rechtzeitig eingegriffen.

Erfahrene, oft hoch qualifizierte Persönlichkeiten haben keine guten Karten am Arbeitsmarkt ...

Das Problem verstärkt sich mit steigender Arbeitslosigkeit. Es gibt exzellente Leute am Markt, die in der Phase der Hochkonjunktur gar nicht erst arbeitslos geworden wären. Es ist abhängig von der eigenen Persönlichkeit, wie sehr man sich zutraut in eine andere, ja ganz andere, Richtung zu denken. Etliche überlegen, die Firma zu wechseln, aber nicht radikal ihre Tätigkeit. Irgendwann, nach 20 Jahren kommen sie zu dem Schluss: „Das kann's ja wohl nicht gewesen sein".

Irgendwann klafft die Zufriedenheit mit der tatsächlichen Tätigkeit auseinander. Man sollte sich rechtzeitig die Frage stellen: Halte ich's bis ans Ende meines Berufsleben in dieser Tätigkeit aus? – Spätestens, wenn jemand nicht mehr gerne am Montag ins Büro fährt, ist die Grenze erreicht. Wer feststellt, dass er jetzt schon unzufrieden ist, muss sich die Frage stellen, wie es die nächsten 20 Jahre weitergehen soll. Visualisieren kann Auslöser sein, um aufzubrechen.

Sie bieten auch Outplacement-Beratung an. Wie hilfreich ist diese Dienstleistung?

Die Erfolgsquoten von Outplacement-Beratungen gehen nahe an die hun-

dert Prozent. Das liegt vielleicht auch daran, dass wir Open-End-Programme durchführen. Menschen, die gekündigt wurden oder denen der Verlust des Arbeitsplatzes droht, brauchen einen stabilen Anker. Der ist gegeben, wenn sie wissen, dass ihr Berater an ihrer Seite bleibt, so lange bis sie wieder was Neues gefunden haben.
Grundsätzlich unterscheiden wir bei unseren Outplacement-Kunden drei Gruppen:

- die einen, die sich über den Golden Handshake freuen und ihn wunderbar finden,
- diejenigen, die nur für kurze Zeit ratlos sind und
- die zutiefst Frustrierten, denen der Blick in die Zukunft fehlt.

Wenn sich keine neue Anstellung findet, empfehlen Coaches oft den Weg in die Selbstständigkeit. Ein probater Schritt?
Österreich ist ein Land der KMUs. Viele, die aus Führungspositionen kommen, haben Wissen und Kompetenz. Mit dem Schritt in die Selbstständigkeit, löst man aber nicht die Sinnfrage oder die Zufriedenheit. Wer immer schon davon träumte Unternehmer zu sein, für den ist es was anderes. Aber es ist keine kleine Gruppe. Viele müssen sich als EPU selbstständig machen, weil sie keine reguläre Anstellung mehr bekommen, sind dann aber auch wieder wie Bewerber unterwegs, nämlich als Bewerber um Aufträge.

Womit können über 50-Jährige beeindrucken?
Durch Zielorientierung und klare Formulierung ihrer Gedanken, ihre Führungskraft-Qualifikation nehme ich einer Person ab, die fähig, kompetent und bereit ist, Entscheidungen zu treffen.

Und wo am Arbeitsmarkt haben sie Chancen?
Immer im Salesbereich und natürlich in vielen Führungspositionen. Im Moment wäre am Markt sehr viel erfahreneres Know-how gefragt, um nicht schon in der ersten Phase Schiffsbruch zu erleiden. Unternehmen und Wirtschaftsräume entwickeln sich. Dennoch sind Individuen versucht, so weiter zu arbeiten, wie sie es schon die letzten zehn Jahre getan haben. Das kann aber schlichtweg nicht mehr passen.

Beschäftigen Sie selbst ältere Mitarbeiter?

Meine ältesten Mitarbeiter sind 67 und im Trainingsbereich tätig. Ich glaube auch die gestandene Persönlichkeit lässt sich gerade bei Wissensarbeitern nicht zurückdividieren. Wenn ich sage, auch Frauen müssen länger arbeiten, werde ich schief angeschaut. Kürzer auch. Man geht davon aus, dass die Norm für alle passt. – Ein Paradoxon, das Einzementieren auf Alter ist absurd!

Was ist aus Ihrer Sicht seitens der Politik an den Rahmenbedingungen zu ändern?

Die gesetzlichen Rahmenbedingungen sind der Förderung der Beschäftigung über 50-Jähriger sicherlich nicht förderlich. Mit dem gesetzlichen Kündigungsschutz tut man dieser Gruppe nichts Gutes. Natürlich muss ich jemand körperlich Angeschlagenen, etwa aus dem Baubereich, schützen und es ist sozial unverträglich, jemanden mit 50 plus zu kündigen, wenn es wen Jüngeren gäbe. Ich bekomme teilweise eine Förderung nur, weil diese Person ein bestimmtes Alter erreicht hat. Da hat unsere Gesellschaft ein Problem. Es wäre grundlegend anders, wenn jüngere genauso viel kosten würden wie ältere Arbeitnehmer. Würde der 55-Jährige gleich viel kosten wie der 45-Jährige zum Beispiel durch eine Gewichtung bei den Lohnnebenkosten und würde ich bei Kündigung des Ersteren keine Pönale zahlen müssen, sähe die Beschäftigungssituation für die Generation 50 plus anders aus.

Aber es ist nicht immer nur eine Kostenfrage. Obwohl Dienstleister und Produzenten den wachsenden Markt der Best Ager umwerben, werden diese am Arbeitsmarkt oft als unflexibel und weniger belastbar gehandelt ...

Vorurteile gegenüber älteren Arbeitnehmern sind im Abnehmen. Lebenserfahrung und Besonnenheit sind wesentliche Assets. Und als großes Plus, das für den Schatz im Silberhaar spricht, kommt hinzu, dass die durchschnittliche Verweildauer Älterer viel höher ist.

Worauf es bei internationalen Karrieren ankommt

Essenziell ist das Interesse für Neues, die Bereitschaft zu lernen und sich auf fremde Kulturen einzulassen und nicht zuletzt die familiäre Situation, weiß

Dr. Georg Unger

Partner des internationalen Executive-Search-Unternehmens NGS Global.

Biografie

Der österreichische Betriebswirt und Doktor der Sozial- und Wirtschaftswissenschaften war zunächst in der Werbebranche tätig, wo er vom Account Director, der internationale Kunden betreute, zum Chief Financial Officer der in London ansässigen Werbegruppe GGK avancierte.
Vor seinem Eintritt zu NGS Global war er elf Jahre bei Korn/Ferry International, zuletzt als Global Leader des Advertising & Marketing Services Sector und Mitglied verschiedener Komitees tätig. Seit 1994 hat Unger am Aufbau des Wiener Büros sowie der osteuropäischen Büros von Korn/Ferry maßgeblich mitgewirkt.
Unger ist ein profunder Kenner des osteuropäischen Wirtschaftsraumes und führte internationale Projekte im obersten Managementbereich vor allem in den Branchen Medien, Kommunikation und Finanzdienstleistungen durch.
Er blickt auf mehr als zwei Jahrzehnte Berufserfahrung im internationalen Executive Search-Business zurück. Gemeinsam mit Partnern kaufte er im Jänner 2006 A.T. Kearney Executive Search, das zuerst in EWK umfirmiert wurde, um zuletzt mit NGS Global zu fusionieren. Unger ist einer der wesentlichen Partner von NGS Global und Geschäftsführer der Gesellschaft in Wien.

„Denken Sie nicht linear, sondern quer. Überlegen Sie, was Sie noch die nächsten 10, 20 Jahre tun können und wollen!"

Wie geht man eine internationale Karriere an?

Im Idealfall werden die Weichen schon während der Ausbildung gestellt, mit der Teilnahme an Schüleraustauschprogrammen, Gastsemestern im Ausland, dem Forcieren von Fremdsprachenkenntnissen und Reisen.

Welche Schritte sind nach dem Studium zu setzen?

Da zählt die Auswahl des richtigen Unternehmens. Das kann ein internationales Unternehmen im Inland oder eines im Ausland sein.

Worauf achten Sie bei der Besetzung internationaler Toppositionen neben den fachlichen Qualifikationen?

Essenziell ist das Interesse für Neues, die Bereitschaft zu lernen und sich auf fremde Kulturen einzulassen und nicht zuletzt die familiäre Situation. Zunehmend bieten multinationale Unternehmen auch Tandem-Karrieren an.

Wo auf der Welt sind die Chancen am Arbeitsmarkt am größten, ist Europa ein Abstellgleis?

Europa ist nicht tote Hose. Nach wie vor ist Deutschland in Bewegung. Was Innovationen betrifft, ist Asien ein extrem interessanter Markt. Europa ist nicht tot, aber eben bei weitem nicht so dynamisch, wie Asien oder Amerika.

Die wichtigste Karrierefrage, die man sich in der Mitte des Erwerbslebens stellen sollte?

Was will ich den Rest meines beruflichen Lebens machen oder erreichen? Will ich in dem Unternehmen, in dem ich gerade arbeite, in Pension gehen?

Ab welchem Alter darf man nicht mehr kündigen, ohne schon einen neuen Job zu haben?

Das hängt sehr von der Branche ab. Ab dem 50. Geburtstag sollte man schon vorsichtig sein.

Haben Sie in letzter Zeit einen Kandidaten, der älter als 50 Jahre war und keinen Job hatte, vermittelt?

Nein, aber ich würde das nicht als Zeichen sehen, sondern eher als Zufall.

Wie kommt man in eine Headhunter-Datei und landen Jahrgänge vor 1965 automatisch in der Rundablage?

Am besten via E-mail mit Lebenslauf. Das Alter kann man nicht verheimlichen, es hat keinen Sinn, es zu verstecken.

Wie reagieren Ihre Auftraggeber auf Kandidaten 50 plus?

Wer wirklich wen sucht, der in bestimmten Bereichen viel Erfahrung hat, ist aufgeschlossen. Der neue OMV-General zum Beispiel wird kaum jünger als 50 sein können.

Welche Rolle spielt „Vitamin B"?

Wenn man die richtigen Kontakte hat, geht alles. Dann werden auch Personen in Vorstände gesetzt, die von der jeweiligen Branche keine Ahnung haben. Es gibt immer Leute, die stets die Treppe hinauffallen.

Was sollen Erwerbstätige nach dem 50. Geburtstag in Sachen Karrierevorsorge tun?

Man muss sich selbst rechtzeitig vermarkten, Netzwerke bauen und pflegen und sei es im Rotary-Club aktiv sein. Sich nur auf Headhunter zu verlassen, ist zu wenig. Natürlich muss man viele Gespräche führen, sich überlegen, wer ist wo so vernetzt, dass er mir weiterhelfen kann.

Wer ist wieder gut auf die Beine gekommen, wer gescheitert nach einer Kündigung im vorgerückten Alter?

Ich hab viele Leute gesehen, die ihren Job verloren haben. Der frühere Marketingchef der Erste Bank, Helmut Hager etwa, war für 400 Mitarbeiter in neuen Ländern zuständig. Er ist nach acht Jahren von der Bank weg. Eine vergleichbare Position in Österreich zu finden, war für ihn extrem schwer. Er hat immer gerne gekocht und mit 48 Jahren ein Restaurant aufgemacht. Er nahm sich einen italienischen Koch und eröffnete eine Osteria in Eisenstadt. Sie gilt jetzt als der angesagteste Italiener im Burgenland.

Welchen Rat geben Sie Mid Agern mit Veränderungswünschen oder gar auf Jobsuche?

Denken Sie nicht linear, sondern quer. Überlegen Sie, was Sie gerne tun und was Sie noch die nächsten zehn, zwanzig Jahre tun können und wollen!

Sie selbst haben sich vor etwas mehr als zehn Jahren von einem großen internationalen Executive Search-Unternehmen getrennt und den Sprung in die Selbstständigkeit gewagt. Haben Sie die Entscheidung bereut?

Man muss immer den finanziellen Aspekt und die Spaßseite im Beruf abwägen. Weniger Geld, mehr Spaß ist mein Resumée, aber auch mehr Sorgen, natürlich.

Sollten ältere Arbeitnehmer Gagenkürzungen hinnehmen?

Sie werden es billiger geben müssen. Die wirtschaftliche Entwicklung hat einen enormen Druck auf die Gehälter gebracht. Heute sind Änderungskündigungen wie etwa beim ORF oder in Printmedien schon Alltag. Nur wenige verdienen mehr, wenn Sie nicht aus einem Job abgeworben werden.

Was halten Sie von radikaler Neuorientierung, wie Branchen- oder Berufswechsel im fortgeschrittenen Alter?

Das muss man sich finanziell leisten können.

Wenn man etwa die Banken betrachtet, wo kriegt da einer einen neuen Job her? Welche Spezialisten sind denn nach wie vor gesucht wie die sprichwörtliche Nadel im Heuhaufen?

Es herrscht immer Mangel an wirklich guten Verkäufern. Überhaupt, wenn sie auch noch räumlich flexibel sind, was nur auf zehn Prozent der Kandidaten zutrifft.

Wie sieht das Idealprofil der Leader von morgen aus?

Die Aufgabe ist ihnen wichtiger als Titel, Auto und Status. Sie akzeptieren flache Hierarchien und netzwerkorientierte Strukturen, sind Mannschaftsspieler und behalten auch im Chaos einen kühlen Kopf. Sie denken öfters quer, sind kosmopolitisch orientiert, sprechen Fremdsprachen, begegnen anderen Werthaltungen offen und aufgeschlossen. Sie haben Visionen und nehmen die Herausforderungen des schnellen, technischen Wandels an. Sie hören Mitarbeitern und Kunden zu und sehen ihre Kinder als nächste Kundengeneration.

Auf der Suche nach einem relevanten Arbeitsmarkt

Wechselwillige sollten recherchieren, für wen sie wirklich interessant sind und was sie für eine neue Position bezüglich Mobilität oder beim Gehalt in Kauf zu nehmen bereit sind.

Dr. Gundi Wentner
Partnerin und geschäftsführende Gesellschafterin
der Deloitte-Gruppe

Biografie

Gundi Wentner studierte Rechtswissenschaften an der Universität Graz und absolvierte ein Postgraduate-Studium an der Johns Hopkins University. Nach fünf Jahren Banktätigkeit – Chase Manhattan Bank Wien und London – gründete sie gemeinsam mit Christian Havranek das Unternehmen Wentner-Havranek, Institut für Unternehmensberatung GmbH. Seit Juli 2002 ist Wentner-Havranek in die Deloitte-Gruppe integriert, Gundi Wentner ist Partnerin und geschäftsführende Gesellschafterin von Deloitte. Arbeitsschwerpunkte sind die Suche und Auswahl von Führungskräften und SpezialistInnen sowie Betriebsberatung zu Aufgabenstellungen der Personalwirtschaft mit Schwerpunkt Talent Management.

*„Manchmal sitzen die Leute in einem goldenen Käfig.
Wegen der Abfertigung können sie nicht wechseln."*

Interview

Wann sollte neues Karrieredenken einsetzen?
Es beginnt schon in der Schule bei Jugendlichen mit Migrationshintergrund, wo Bildung kein Wert ist, aber auch Akademikerkinder in 12 Jahren Pflichtschule bzw. AHS nicht erfahren, was sie können, welche Talente sie haben und was sie interessiert. Sie landen dann in irgendeinem Studium, schaffen die Studieneingangsphase nicht und verlieren mindestens ein bis zwei Semester.

Für welche Personengruppen gibt es derzeit wenige Chancen am Arbeitsmarkt?
Große Probleme haben schlecht ausgebildete Jugendliche, die keine Lehrstelle finden und auch gar nicht motiviert sind, und die älteren Arbeitslosen.

Worauf sollten junge Talente bei der Wahl eines künftigen Arbeitgebers achten?
Sie sollten sich die potenziellen Arbeitgeber sehr genau anschauen, die Performance des Managements unter die Lupe nehmen und auch hinterfragen, welche Karrierewege wo angeboten werden. Sie sollten auch Antworten von Unternehmen auf potenzielle Auszeitwünsche für Kindererziehung, Elternpflege oder eine halbjährige Studienreise durch Südamerika einfordern. Die dürfte es auch zunehmend geben, denn die große Herausforderung für Unternehmen ist trotz Krise die Frage, „Wo kriege ich in Zukunft die richtigen Talente her?"

Was muss man als Mid Ager beachten?
Man muss sich sehr bewusst anschauen, wie der aktuelle Arbeitgeber mit der Altersgruppe 40/50 plus umgeht. Gibt's überhaupt Kollegen in der Altersgruppe oder hat man in den letzten Jahren versucht, die mit Golden Handshake oder Frühpensionierung loszuwerden?

Und dann – aussitzen oder Leine reißen?
Es kann eine durchaus bewusste Entscheidung sein, eine solche Situation in Kauf zu nehmen und sich ein frühzeitiges Ablaufdatum ordentlich versilbern zu lassen. Man sollte sich aber fragen, weil man noch länger arbeiten möchte oder muss, wo ein relevanter Arbeitsmarkt sein kann. Bei der Suche nach einem Arbeitsplatz macht es einen großen Unterschied, ob man noch in einer Position ist, oder bereits arbeitslos. Natürlich gibt es einen Markt für Führungskräfte 50 plus, wenn sie wirklich viel können. Es gilt zu recherchieren, für wen man wirklich interessant ist und was man für eine neue Position in Kauf nimmt, zum Beispiel bezüglich Mobilität oder beim Gehalt. Da müssen sich Wechselwillige fragen, was sie bereit sind, in Kauf zu nehmen, für eine interessante Herausforderung.

Was passiert beim Aussitzen in der Komfortzone?
Manchmal sitzen die Leute in einem goldenen Käfig. Ich hatte jetzt zweimal Gespräche mit Kandidaten. Trotz interessanter Stellenangebote kam kein Wechsel zustande. Der Grund: die Abfertigung.

Welche Persönlichkeiten haben auch in fortgeschrittenem Alter gute Karten?
Die Babyboomer, die heute noch in Führungspositionen sitzen, haben ihre Laufbahnen bei stetigem Wirtschaftswachstum absolviert. Seit der Finanzkrise herrscht permanente Unsicherheit. Es gibt viele neue Herausforderungen in der Unternehmensführung, das haben viele nicht gelernt und das engt für diese Altersgruppe den Arbeitsmarkt ein. Gesucht sind einerseits Top-Führungskräfte mit wirklich exzellentem Trackrecord und Leadership-Qualitäten oder Personen mit wirklicher Fachexpertise, etwa Informatiker, Finanzer, Superleiter Rechnungswesen, Steuerexperten oder Verkäufer. Am schwierigsten ist der aktuelle Arbeitsmarkt für Frauen, die relativ spät wieder einsteigen, weniger Qualifizierte und für das mittlere Management.

In welchem Fall soll man als ältere Arbeitskraft kündigen, auch wenn man noch nichts Neues hat?
Nie, außer die Arbeitssituation macht einen wirklich krank, oder man ist finanziell so abgesichert, dass man ganz aufhören kann.

Was empfehlen Sie älteren Arbeitsuchenden?
- Als ersten Schritt sollte man über das Netzwerk suchen.
- Zweitens ihren Radius aufmachen, nicht zu eng denken. Wenn ich z. B. als Grafiker in einem Museum gearbeitet habe und dann sage, ich will nur in Kunst oder Kultur arbeiten, hat man's schwer.
- Gute Dienste leistet das AMS Qualifizierten mit dem neuen Jobportal „my next job“, das ein automatisches Matching bietet – eine super Sache! In manchen Unternehmen führt der Fachkräftemangel bereits jetzt zu einer Trendumkehr im Umgang mit älteren Arbeitskräften, weil sie wissen, dass sie bei Jungen nicht genügend Kompetenzen nachkriegen. So gibt es Regionen in Österreich wie das Innviertel, wo sich Unternehmen zusammengetan haben, die gemeinsam mit dem AMS Techniker aus Spanien anwerben.

Interessensvertreter

Nach sechs Monaten Arbeitslosigkeit ruft keiner mehr an

Am schwersten haben es 50- bis 55-Jährige, die bis zu ihrer Kündigung immer nur geradlinig aufgestiegen sind, dabei ein hohes Selbstvertrauen und eine übertriebene Erwartungshaltung entwickelt haben, weiß

Dr. Johannes Kopf, LL.M.

Vorstandsmitglied des Arbeitsmarktservice Österreich.

Biografie

Johannes Kopf ist seit Juli 2006 Vorstandsmitglied des Arbeitsmarktservice Österreich.
Von 2003 bis Mitte 2006 war er als Arbeitsmarktexperte und Referent im Kabinett von Wirtschafts- und Arbeitsminister Dr. Martin Bartenstein tätig.
Der 1973 geborene Jurist und Absolvent des zweijährigen Europarecht-Postgraduate-Lehrgangs der Donau-Universität Krems (akademischer Titel: LL.M.) war zwischen 2003 und 2006 Mitglied des Verwaltungsrates des AMS Österreich.
Von 1999 bis 2003 war er Referent der Industriellenvereinigung mit Schwerpunkt Arbeitsmarkt- und Beschäftigungspolitik, Projektleiter (Reform des Wettbewerbsrechts, Productive Ageing, EU-Migration), stellvertretendes Mitglied des Verwaltungsrates sowie diverser Unterausschüsse des AMS und arbeitete an verschiedenen Projekten aus dem Bereich Bildungspolitik mit.
Von 2001 bis 2002 war er Österreichs Arbeitgeber-Verhandler in Brüssel im Sozialen Dialog der EU zu den Themen Leiharbeit und Telearbeit.

„Die wirklich guten Jobs werden immer mit Jobwechslern und kaum mit Arbeitslosen besetzt."

Wie viele Akademiker 40 plus verlieren aktuell Ihre Anstellungen und wie leicht oder schwer kommen sie wieder in Beschäftigung?

Natürlich gibt es arbeitslose Akademiker, aber die Arbeitslosenquote von Akademikern zwischen 40 und 50, ja sogar 50 bis 55 Jahren, liegt unter der allgemeinen. Die Akademikerarbeitslosenquote liegt insgesamt knapp unter drei Prozent, jene der Pflichtschüler dagegen bei 23 Prozent. So hart es klingt, aber im Verhältnis zu anderen sind das beinahe Einzelfälle. Das heißt, diese Menschen sind hochbeschäftigt und finden auch wieder Jobs, aber klar, nicht jeder schafft den Übergang.

Und die Fälle, die doch bei Ihnen landen?

Durch die Dynamisierung der Wirtschaft und die Tatsache, dass Dienstverhältnisse heute viel kürzer dauern, ist es nicht selten, dass jemand arbeitslos wird. Manche Kunden kommen zu uns schon mit einer Einstellungszusage, andere haben natürlich noch keine Position in Aussicht. Generell empfehle ich Personen, sich schon frühzeitig online – noch während der Kündigungsfrist – über unsere Webseite arbeitslos zu melden, dort kann man auch schon einen Antrag auf Arbeitslosengeld stellen.

Ab welchem Alter wird es generell eher schwierig?

Wenn die Klientel aus dem gehobenen Arbeitsmarkt kommt, ist es meist mit 40 Jahren noch kein Thema, mit 45 bis 48 Jahren beginnt's dann aber kritisch zu werden.

Welche Hilfe können Sie ihnen anbieten?

Leute, die Karriere machen, haben in der Regel ein gutes Netzwerk und können sich oft selbst besser helfen, als wir ihnen. Das ist der Grund, warum wir Akademikerinnen und Akademikern, die arbeitslos werden, das Arbeitslosengeld anweisen, ihnen aber oft einen nächsten Termin erst in drei Monaten geben. In vielen Fällen haben diese Menschen dann schon wieder einen neuen Job. Wenn aber nicht, dann wird unsere Betreuung intensiver. Wir hatten in den letzten Jahren für Akademiker keine eigene Servicestelle wie früher mehr, die wurde aufgelöst, weil sie im Verhältnis zu anderen zu wenig zu tun hatte. Jetzt bieten wir – weil auch der Arbeitsmarkt für Hochqualifizierte nicht leichter geworden ist - in Wien wieder eine besondere Beratungs- und Betreuungseinrichtung für Akademiker, die wir zukaufen.

Welche Maßnahmen werden dann ergriffen?

Wir entwickeln gemeinsam eine Betreuungsstrategie. Dabei wird hinterfragt, ob nicht doch noch irgendeine Qualifizierung oder Spezialisierung fehlt. In der Regel passiert diese Qualifizierung jedoch nicht in den von uns organisierten Kursen, sondern über den normalen Erwachsenenweiterbildungsmarkt. Hier leisten wir Kurskostenförderung. Die Klientel bringt selbst Angebote zum Beispiel vom WIFI oder einem anderen Anbieter für einen Controllerkurs, meist in Höhe von ein paar niedrigen tausend Euro, aber wenn es wirklich notwendig ist, wurden auch schon deutlich teurere Kursmaßnahmen – auch schon mal 15.000 oder 20.000 Euro – gefördert.

Bei teuren Maßnahmen auf Kundenwunsch verlangen wir oft auch eine Einstellungszusage eines konkreten Arbeitgebers für danach. Ich erinnere mich an ein besonderes Beispiel, für das uns die Kronenzeitung kritisierte. Eine frühere Führungskraft hatte privat alle Flugscheine außer der letzten Prüfung für die Zulassung als Linienflugpilot gemacht. Den fehlenden Kurs haben wir mit Einstellungszusage einer Fluglinie damals bezahlt. Nachdem nicht viel fehlte, war es eigentlich gar nicht so teuer und der Herr hatte danach seinen Traumjob.

Und was machen Sie mit jenen, deren Jobprofil so speziell ist, dass es kaum Hoffnung auf eine neue Anstellung gibt?

Was sich manchmal auch anbietet, ist die Unternehmensgründung. Pro Jahr gründen mit Hilfe des AMS mehr als 5 000 Personen ein Unternehmen, das sind mehr als 14 Prozent aller Unternehmensneugründungen. Unsere Gründer sind dabei sogar erfolgreicher als allgemeine Start-ups, nach drei bzw. fünf Jahren leben noch mehr als die ohne AMS gegründeten Unternehmen und sie haben im Schnitt 1,3 Mitarbeiter. Voraussetzung ist jedoch immer, dass der Wunsch und die Idee für das Unternehmen von den Menschen selbst kommt. Wir stellen Unternehmensberater bei, die die Gründungswilligen und ihre Konzepte für den Sprung in die

Selbstständigkeit einschätzen. In dem sechsmonatigen Vorbereitungsprogramm geben wir den Leuten die Qualifikation, die sie brauchen, vernetzen sie mit anderen Gründern und sie bekommen auch die ersten beiden Monate nach der Gründung weiterhin Arbeitslosengeld, das heißt dann Gründungsbeihilfe. Von hundert Personen, die mit einer Idee schwanger in unser Programm gehen, gründen aber tatsächlich nur 28, ich glaube, dass wir selektiv sind, ist der Grund, warum wir erfolgreich sind.

Welche Unternehmen sind so entstanden?

Sehr, sehr viele spannende. Zwei Kunden haben zum Beispiel gemeinsam eine Möbelbörse aufgemacht, in der neuwertige Gebrauchtmöbel angeboten werden. Inzwischen beschäftigen sie ungefähr 20 Mitarbeiter. Oder ein Akademikerpaar, das ein Yogainstitut eröffnet hat, das durchgängig Kurse vor allem für Schwangere und junge Mütter anbietet, bei denen man jederzeit einsteigen kann.

Nach ein bis zwei Jahren bieten wir einen Unternehmens-Recheck an, mit dem anfänglichen Berater.

Welche Fälle sind die schwierigsten?

50- bis 55-Jährige, die bis zu ihrer Kündigung immer nur geradlinig aufgestiegen sind, dabei ein hohes Selbstvertrauen und eine übertriebene Erwartungshaltung entwickelt haben. Sie waren immer gefragt und hatten immer nur Karrieresteigerungen erlebt. Nach sechs Monaten Arbeitslosigkeit ruft keiner mehr an und in der kurzen Zeit davor sind sie oft zu wählerisch, warten auf noch bessere Angebote. Oder sie gehen gar erst einmal für zwei Monate auf die Safari, von der sie immer schon geträumt haben, für die sie aber nie Zeit hatten. Das ist genau das Falsche. Nach ein oder zwei Jahren Arbeitslosigkeit sagen uns dann solche Menschen „hätte ich doch all die Angebote, die ich am Anfang nicht einmal überlegt habe, angenommen!"

Sie empfehlen also, sofort aktiv zu werden?

Es gibt eine US Studie in der 60 000 erfundene Lebensläufe als Bewerbungen auf ausgeschriebene Stellen ausgesendet wurden. Sie belegt, dass Leute nach sechs Monaten Arbeitslosigkeit kaum mehr die Chance auf ein

Vorstellungsgespräch bekommen. Vielleicht dauert es bei uns etwas länger, aber aus meiner Sicht ist das vollkommen rational.

Warum?

Personalentscheidungen sind die schwierigsten Managemententscheidungen, weil sie auf Basis von sehr wenig Informationen getroffen werden. Sich gut präsentieren, manchmal sogar bluffen, das kann heute fast schon jeder Bewerber. Manchmal greift man daher daneben. Man erfährt auch nie, wie gut eine Alternative zu ihm gewesen wäre. Als Personalentscheider versucht man daher, Risiken zu reduzieren. Eine Methode Fehler zu reduzieren, ist auf Empfehlungen anderer zu achten; im positiven wie im negativen Sinn. Personen, die lange arbeitslos sind, haben sich wohl schon öfter beworben und wurden von anderen Personalabteilungen nicht genommen. Das ist so etwas wie ein Hinweis, man hört auf andere Einschätzungen. Das ist durchaus rational, aber möglicherweise ungerecht, der Kandidat könnte auch einfach Pech gehabt haben und siebenmal Zweiter geworden sein. Ich denke, man sollte mit Probezeiten großzügiger werden, passenden Bewerbern auch bei längerer Arbeitslosigkeit eine Chance geben, dann aber auch die Nerven haben, bei nicht Entsprechen wieder zu lösen.

Also gleich entscheiden, für das Nächstbeste?

Nein, jede Jobsuche ist eine Optimierungsaufgabe. Wenn wer gut qualifiziert ist, fällt es ihm in der Regel nicht schwer einen Job zu finden, man sucht aber sinnvollerweise einen besseren, näheren, spannenderen oder was einem halt wichtig ist. Das ist gut so. Längere Suche erhöht dann aber zwar die Wahrscheinlichkeit ein noch optimaleres Jobangebot zu finden, gleichzeitig sinkt aber mit zunehmender Arbeitslosigkeitsdauer die Wahrscheinlichkeit, dass man diesen Job dann auch bekommt. Mit zunehmender Zeit ohne Beschäftigung sinkt dein Wert. Manche früheren Highflyer schätzen ihren Wert nach drei bis fünf Monaten noch immer zu hoch ein. Nach einem Jahr nimmt dich kaum mehr wer.

Eignet sich Interimsmanagement zur Überbrückung oder wird so ein Engagement zur Endstation?

Statistisch macht man bei Arbeitslosigkeit einen kleinen Rückschritt, diese

Abstriche können Leute, die bisher weniger Erfolg gehabt haben, leichter akzeptieren. Wenn höherqualifizierte Menschen plötzlich arbeitslos werden, beobachten wir oft folgende Reaktionen: Erst folgt so etwas wie eine Urlaubsphase. Plötzlich hat man Zeit für all das, was früher neben dem Job nicht ging. Eine Reise, sich um die Beziehung, die Kinder, die Wohnung kümmern. Dabei ist leider schon wertvolle Zeit – die mit den besten Chancen – vergangen. Dann kommt die Aktivitätsphase, man schaut sich um, sucht Job. Wer dann länger noch nichts hat, läuft Gefahr deprimiert zu werden oder zu resignieren, Betroffene erleben, dass sie nicht gebraucht oder nicht gewollt werden.

In unserer Leistungsgesellschaft wird Arbeitsuchenden nicht viel Respekt entgegen gebracht ...

Mir fiel einmal an der Garderobe im Burgtheater meine Visitenkarte mit AMS-Logo aus dem Mantel. Ein junger Mann hinter mir hob sie auf und sagte „Ah, simma arbeitslos?". Als Vorstand hört sich das witzig an, aber wie hätte ich mich – auch vor meiner Begleitung – gefühlt, wenn ich wirklich ohne Job gewesen wäre?

Arbeitslos zu sein geht aufs Selbstbewusstsein, man ist nicht mehr wichtig, viele Firmen schreiben nicht einmal zurück. Bei ganz langer Arbeitslosigkeit versucht man – um nicht völlig zu verzweifeln – die Vorteile der Situation zu erkennen. Man kann unter der Woche ins Schwimmbad gehen, man braucht nicht früh aufstehen und so weiter. Dadurch entstehen dann auch die Vorurteile gegen arbeitslose Personen, sie wären faul. Nicht können und nicht wollen liegen ganz nah beieinander. Immer wieder werde ich gefragt, wie viele meiner Kundinnen und Kunden wollen gar nicht arbeiten und meine Antwort ist immer dieselbe: Viel weniger als sie denken!

Auf der einen Seite sollen wir wegen unserer längeren Lebenserwartung immer länger arbeiten, auf der anderen Seite steht der Schatz im Silberhaar bei den wenigsten Unternehmen hoch im Kurs ...

Wir haben zwar einen deutlichen Anstieg der Älterenarbeitslosigkeit, aber die Beschäftigung der Älteren steigt derzeit auch mit hoher Geschwindigkeit. Bei 20 000 zusätzlich Beschäftigten gesamt, haben wir 50 000 mehr Ältere also ab 50 plus. Das ist eine Folge der Demografie. Älter werden im Unternehmen wird eine Normalität, selbst das AMS wird im Durchschnitt im Jahr um 0,6 Jahre älter.

Die Arbeitslosenquote 50 plus ist aktuell zwar leicht höher als die allgemeine, aber sie steigt unterdurchschnittlich. In der Regel schmeißen Firmen Ältere nicht raus, aber wenn doch, finden diese Menschen schwer einen neuen Job. Ab 45 plus würde ich daher niemandem raten, selbst zu kündigen, ohne dass er was anderes hat. Die wirklich guten Jobs werden nämlich fast immer nur mit Jobwechslern und kaum mit Arbeitslosen – schon gar nicht mit länger arbeitslosen Personen – besetzt.

Und wenn du doch schon länger arbeitslos bist, rate ich immer „irgendwas hat du in der Zeit bestimmt gemacht, schreib doch was rein, und wenn es die Neuorganisation des elterlichen Gasthauses ist".

Die Karriereverläufe führen heute nicht mehr immer nur nach oben

Eine Erwerbsbiografie unselbstständig – selbstständig – und wieder retour oder umgekehrt wird in Zukunft nichts Außergewöhnliches mehr sein. Was man aber immer braucht, um Erfolg zu haben, ist ein klares Profil und ständige Weiterbildung, weiß

Mag. phil. Christoph Neumayer
Generalsekretär der Industriellenvereinigung (IV) Österreich

Biografie:

Nach der Matura studierte Neumayer Geschichte, Publizistik und Rechtswissenschaften an der Universität Wien. Anschließend absolvierte der gebürtige Wiener den Post Graduate Management-Hochschullehrgang an der Wirtschaftsuniversität Wien.
Seine Karriere startete er 1991 als Pressesprecher der Wiener Volkspartei, von 1992 bis 1997 war er ständiger freier Mitarbeiter der ORF Minderheitenredaktion Radio/TV als Redakteur und Chef vom Dienst (Schwerpunkt Innenpolitik und EU). 1997 wechselte Neumayer zur Industriellenvereinigung, zunächst als Chefredakteur des „Pressedienst der Industrie“ und Pressereferent (Öffentlichkeits- und Medienarbeit). Die weiteren Stationen: Bundesgeschäftsführer Junge Industrie/Gruppe 1031, Leiter IV-Newsroom, Bereichsleiter Marketing & Kommunikation und seit 2011 Generalsekretär der Industriellenvereinigung. Daneben fungiert der 49-Jährige auch als Mitglied des Businesseurope Executive Committee und seit 2012 als Vorstand der Ludwig Boltzmann Gesellschaft.
In seiner Freizeit verfasste der 49-jährige verheiratete Vater von zwei Töchtern diverse (industrie-)historische und politische Publikationen.

„Die Beschäftigung Älterer und die Verlängerung der Lebensarbeitszeit muss zur Win-win-Situation werden.“

Was passiert mit einer Industrienation, in der Leute immer länger arbeiten sollen, aber seitens der Arbeitgeber mit zunehmendem Alter immer weniger geliebt werden?

Seit fünf bis zehn Jahren steigt der Wert gut ausgebildeter älterer Arbeitnehmer; insbesondere in Teilbereichen, wo es kein Überangebot an Arbeitskräften, sondern ganz im Gegenteil Engpässe gibt. In der Broschüre „Altersgerechtes Arbeiten" zeigen wir viele Unternehmen, die mit Best Practice-Beispielen vorangehen.

Wo herrscht aktuell Personalmangel?

in den sogenannten MINT-Fächern (Mathematik, Informatik, Naturwissenschaft, Technik) und das trotz der konjunkturell nicht eben berauschenden Situation.

Im Management, wo Führungskräfte gesucht werden, die es verstehen, „diverse" Teams – nicht nur Mann/Frau, Jung/Alt, sondern auch Mitarbeiter unterschiedlichster Ethnien, zu Erfolgsteams zu coachen

Aktuell dürfen Spitzenmanager 70 Jahre alt sein, warum nicht der Mittelbau?

Ich habe im Haus einige über 65-Jährige, die voll arbeiten. Wir brauchen mehr von diesen Beispielen. Der Jugendkult lässt ja bereits auch in der Werbung nach und man sieht dort auch zunehmend grauhaarige Models.

Von welchen Seiten müssten welche Impulse und Strategien für ein Umdenken kommen?

Politische Placebos sind nicht nachhaltig und ein Bonus-Malus-System (Unternehmen die im Branchenschnitt mehr über 55-Jährige beschäftigen werden bonifiziert, jene die weniger über 55-Jährige beschäftigen sanktioniert) ist in Österreich sachlich weder gerechtfertigt noch zielführend. Es darf keine soziale Frage sein, Ältere länger zu beschäftigen. Die Lebenseinkommenskurven müssen schrittweise verflacht werden. Das ist punktuell schon gelebte Realität. In Kärnten verzichten im Zuge der sogenannten Jungärzteregelung Primarärzte auf einen Teil der Sonderklassegebühren zugunsten ihrer jüngeren Kollegen. In den Medien kam es zu Änderungskündigungen für teure ältere meist Printredakteure, um die Einkommen von Print- und Onlinejournalisten anzugleichen. Die Einkommenskurven werden abgemildert, die Jüngeren rücken nach. – Das ist eine große Herausforderung für die Kollektivvertragspartner. Das ist auch eine Frage der Arbeitsorganisation. Die Beschäftigung Älterer und die Verlängerung der Lebensarbeitszeit muss zur Win-win-Situation werden.

Wer muss was anpacken?

Die Unternehmen müssen ihre Arbeitsorganisationen neu gestalten und sich mit Lösungen für ihre alternden Belegschaften beschäftigen.

Die Sozialpartner müssen die Lebenseinkommenskurven schrittweise ändern und Maßnahmen ergreifen, die sofort wirksam sind, zum Beispiel was den einfacheren Einstieg in den Vollzeitjob junger Menschen betrifft.

Die Politik muss die Belastungen durch Arbeitszusatzkosten für Arbeitnehmer, die älter sind als 50 Jahre, drastisch senken, damit ältere Arbeitnehmer nicht eklatant teurer sind, als Jüngere.

Fusionen, Merger, Umstrukturierungen ... Was sollen ältere Arbeitnehmer, die Opfer solcher, in unserer Wirtschaftswelt alltäglicher Prozesse geworden sind, nach dem Blauen Brief tun?

Die Betroffenen haben oft gar nichts falsch gemacht. Im Zweifelsfall sind sie keine Opfer, sondern Gestalter ihrer Karriere 50 plus. Die Optionen sind allerdings für diejenigen, die Verbindlichkeiten haben und somit unter Kostendruck stehen, naturgemäß nicht breit gesät. Häufig fehlt gerade den sehr gut Ausgebildeten ein Plan B. Eine Erwerbsbiografie unselbstständig – selbstständig – und wieder retour oder umgekehrt wird in Zukunft nichts Außergewöhnliches mehr sein. Was man aber immer braucht, um Erfolg zu haben, ist ein klares Profil und ständige Weiterbildung.

Ist Letztere Bringschuld oder Holschuld, Sache des Arbeitgebers oder Eigenverantwortung der Mitarbeiter?

Als wertgeschätzter Mitarbeiter darf man Ausbildungsoptionen nicht ungenutzt lassen. Wer Weiterbildungsangebote wahrnimmt, für die es im Unternehmen keine Verwendung gibt, läuft natürlich Gefahr, immer kompetenter zu werden, aber auf die Dauer in der Organisation unterfordert zu sein.

Was sind die wichtigsten Karrierefragen, die sich Mid Ager stellen sollten?
Was kann ich, was will ich und was fehlt mir zum Wollen und Können? Ich bin ein extremer Freund möglichst selbstständiger Entscheidungen – eine Freiheit, die man sich erst erarbeiten muss.

Welche Weiterbildungsmaßnahmen haben Sie selbst in jüngster Zeit getroffen?
Ich habe einen Aufsichtsrats- und einen Stiftungsvorstands-Lehrgang absolviert. Zweimal im Jahr bin ich für jeweils drei Tage international unterwegs, treffe mich mit Politikern, Partnern, Bildungsexperten. Wir diskutieren Fragen des General Managements, soziale und ökonomische Herausforderungen, Themen wie Welt-, Sicherheits- und Geopolitik.

Welche neuen Anforderungen stellen sich Führungskräften?
Die Karriereverläufe sind heute anders und führen nicht mehr immer nur nach oben. Einer der wichtigsten Trends ist die Interkulturalität der Teams. Die Kernfrage lautet „Wie gelingt es mir, aus solchen Teams die Stärken jedes Einzelnen zu identifizieren, am richtigen Platz einzusetzen und weiterzuentwickeln?"

In unserer Gesellschaft ist Leistung ein Fetisch. Immer komplexere Aufgaben sind in immer kürzerer Zeit von immer weniger Leuten zu erledigen. Die Zahl der Burn-out-Fälle steigt ...
Auch die psychische Gesundheit der Mitarbeiter gehört zur Verantwortung des Managements. Führungskräfte müssen die Menschen in ihren Unternehmen gesamtheitlich sehen, ihnen Wertschätzung entgegenbringen, sie motivieren, sich genau überlegen, wo sie sie einsetzen und ob dort zusätzlicher Druck entsteht. Und sie müssen auch darauf achten, ob sich Menschen zum Wochenende noch massivem Stress aussetzen, ihre Angehörigen oder Eltern pflegen, oder ob sie etwas für sich selbst tun.

Wie laden Sie selbst Ihre Batterien auf?
Ich verbringe Zeit mit meiner Familie, betreibe Sport, beschäftige mich mit Kultur und Zeitgeschichte, halte mich rituell in Buchhandlungen auf und schreibe über Themen jenseits der beruflichen Inhalte, zum Beispiel über Entwicklungen am Balkan, insbesondere im 19. Jahrhundert, begleite historische Medienprojekte beispielsweise über den Wiener Kongress oder die neue Hofkammer. Im Archiv der 1527 gegründeten zentralen Finanzbehörde der Habsburgermonarchie amtierte übrigens der Dichterfürst Franz Grillparzer von 1832 bis 1856 als Direktor. – Ein frühes Beispiel einer Art Patchworkkarriere oder eines Brotberufs zur Finanzierung der persönlichen Berufung.

Bildung

Die Elitisierung, Kommerzialisierung und Globalisierung der Universitäten

Global Player suchen und finden ihren Wettbewerbsvorteil, den sie ausnutzen können. Sie haben die finanzielle Macht und die Flexibilität, meint

Dr. Katharina Chudzikowski
assoziierte Professorin an der Universität Bath/
Großbritannien

Biografie

Dr. Katharina Chudzikowski (geb. 1976 in Wien) ist assoziierte Professorin an der Universität Bath (Großbritannien) und Lektorin am Department Management an der WU Wien. An der Universität Bath leitet Sie als Programmdirektorin seit 2014 das Integrated PhD Programme der School of Management.
In ihrer Forschung beschäftigt sie sich mit Arbeitsformen und der Konstruktion von Karriereverläufen in unterschiedlichen Kontexten und neuen Organisationsformen. Insbesondere ist sie interessiert, wie verschiedene Organisationsformen Arbeitspraktiken beeinflussen.
In ihrer Dissertation untersuchte Chudzikowski unterschiedliche Mobilitätsformen und deren Auswirkungen auf objektive und subjektive Indikatoren für Karriereerfolg.
Sie gehört überdies einer internationalen Forschergruppe an („Cross-Cultural Collaboration on Contemporary Careers"), die sich mit Karriereaspirationen und -konzeptualisierungen in mehr als 25 Ländern und kulturellen Kontexten auseinandersetzt.
Im Rahmen Ihrer Tätigkeit hat Sie an mehreren internationalen Universitäten geforscht, unter anderem 2010 als Fulbright Scholar, Anderson School of Management, UCLA, California, USA; University of New South Wales, Australia; Freie Universität Berlin, Boston University, School of Management, Boston, MA; University of Toronto, Canada)

Die Publikationen der Wienerin sind in international renommierten Fachzeitschriften (Journal of Occupational and Organisational Psychology, Human Relations, Journal of Vocational Behaviour, International Journal of Human Resource Management) und Herausgeberwerken (zum Beispiel Careers without borders: critical perspectives: 55-77. London: Routledge.) erschienen.
Im Rahmen ihrer Wissenschaftskarriere hat sie einige nationale und internationale Auszeichnungen bekommen, unter anderem "Award of Excellence 2008" des BM für Wissenschaft und Forschung; Förderpreis der Dr. Maria Schaumayer-Stiftung; Best Reviewer Award (CAR), Academy of Management Meeting, Boston 2012; Mike Driver Best Overall Regional Careers Paper 2008, Academy of Management, Careers Division.

„Die Vorstellung, dass das Leben kein Sprint, sondern ein Marathon ist, hilft auch längerfristig einen guten Weg einzuschlagen."

Interview

Welche Trends beobachten Sie aktuell in der akademischen Bildung?
Ich beobachte derzeit eine starke Polarisierung in der akademischen Ausbildung, die sich auch durch nationale Unterschiede erklären lässt. Insgesamt kann eine Kommodifizierung ("Commodification") beobachtet werden und andererseits gibt es vornehmlich in Europa noch einen lebendigen Sektor der öffentlichen Universitäten, die ebenfalls durch die starken Internationalisierungstendenzen im Hochschulsektor unterschiedliche Strategien einschlagen, sich eher lokal oder international orientieren. Speziell in England hat sich durch die Einführung hoher Studiengebühren im Jahre 2012 viel verändert. Mittlerweile werden für Bachelorstudiengänge bis zu 9000 £, für Masterstudiengänge bis zu 12.000 £ von Studierenden aus dem Vereinten Königreich und Europa, von allen anderen Studierenden sogar bis zu 30.000 £ bezahlt. Wobei hier die hohen Lebenshaltungskosten noch nicht einberechnet sind.
Ich unterrichte seit 2013 auch in England. Und habe teilweise Kurse, bei denen 80 Prozent meiner Studierenden aus dem asiatischen Raum stammen. Ein Schlagwort, das hier in England des öfteren zu hören ist, ist

„Higher Education Tourism". Diese Mobilitätsströme zu den "high ranked" Universitäten dieser Welt haben sicherlich mehrere Gründe, Push- sowie Pull-Faktoren. Eines lässt sich daraus aber ableiten: eine zunehmende Elitisierung einerseits und Kommerzialisierung sowie Globalisierung anderseits. Viele englische und amerikanische Universitäten, sind auf Expansionskurs in die "neuen" Märkte und expandieren mit Niederlassungen im asiatischen und mittleren Osten.

Wie wird Österreich als Arbeitsmarkt im globalen Wettbewerb in Zukunft dastehen?

Österreichs Wirtschaft ist und wird sicher auch in Zukunft stark durch Klein- und Mittelbetriebe geprägt sein. Dort liegt auch unsere Stärke. Wir haben innovative Unternehmen und bieten in Österreich eine fundierte Ausbildung an – auch jenseits der Hochschulausbildung. Speziell das duale Ausbildungssystem dient vielen Ländern als Vorbild. Ich denke, wir sollten uns vermehrt auf unsere Stärken besinnen und innovative Unternehmungen, in allen möglichen Formen, unterstützen. Konzernniederlassungen sind viel schwieriger zu beeinflussen. Einige Konzerne wie Panasonic haben Österreich verlassen und als Brücke zum Osten zugesperrt.

Auf dem heimischen Arbeitsmarkt gibt es zwei Problemgruppen: Schlecht qualifizierte Junge und auch gut ausgebildete Ältere. Letztere sollen immer länger arbeiten, aber in den Unternehmen herrscht oft Jugendkult ...

Insgesamt war, beziehungsweise ist, Arbeit in unserem Kulturkreis identitätsstiftend. Damit hängt auch der Anreiz eine Ausbildung zu machen zusammen. Ich denke, generell gibt es in Österreich ein solides Ausbildungssystem. Allerdings heißt Ausbildung auch nicht gleich gute Chancen am Arbeitsmarkt. In Zeiten wie diesen wird das wohl mit "Employability" übersetzt, das heißt, wie sehr ein Individuum als beschäftigungsfähig beziehungsweise "arbeitsmarktfähig" angesehen wird. Diese Definition macht klar, dass es sich dabei um eine soziale Kategorie handelt.
Schon in den 1990er-Jahren haben sich erste Schwierigkeiten für gut Ausgebildete 50 plus abgezeichnet in Form einer „gläsernen Decke". Es gibt starre und resistente Stereotypen, die zu starken Verzerrungen füh-

ren, zum Beispiel älteren ArbeitnehmerInnen wird zugeschrieben, weniger stressresistent zu sein, weniger lernbereit, weniger mobil und flexibel sowie weniger anpassungswillig an neue Technologien. Ich denke, eine wichtige Strategie ist, sich der Vielfalt stärker zu öffnen, sowie die Kommunikation zwischen den Generationen. Diskriminierung und Ausschluss repräsentieren eine sehr kurzfristig orientierte Sichtweise. Die Herausforderungen der Arbeitswelt auch hinsichtlich Vielfalt neuer Arbeitsformen, Arbeitszeitmodelle oder Arbeitsorte müssen erkannt und angenommen werden. Dabei sollten Anforderungen beziehungsweise Bedürfnisse aus Sicht der MitarbeiterInnen und Unternehmen gleichermaßen berücksichtigt werden und Werte wie Kontinuität und Qualität im Mittelpunkt stehen. In der Realität wird diese idealisierte Vorstellung nicht von jenen mächtigen Eliten begrüßt, da es ja auch hier zu Verschiebungen kommen könnte. Generell gibt es in Österreich aber durchaus Instrumente, im Vergleich zu anderen Ländern, die eine lange Tradition haben und die Arbeitswelt stark prägen; zum Beispiel der Arbeitnehmerschutz, das Pensionssystem. Ich denke, in Zukunft wäre es angebracht, die Balance zwischen strukturellen Grundpfeilern, die die Arbeitswelt mitgestalten, und einer vernünftigen und gesunden Flexibilisierung zuzulassen, wo es sinnvoll erscheint. Also auch zu analysieren und zu evaluieren, wo es in Zukunft sinnvoll erscheint, das Risiko im Kollektiv auszugleichen. Es stellt sich wirklich die Frage, und die ist nur gesellschaftspolitisch zu diskutieren, welcher Grad an „arbeitsmarktgerechter", Qualifikation, Engagement, Flexibilität und Mobilität, Deregulierung von Arbeitsbedingungen ist zeit- und raumbezogen adäquat.

Wie lebt es sich in Bath?

In Bath lebt es sich sehr gut, wenn die Akzeptanz für hohe Lebenskosten da ist. In Bath zahlt man für eine abgewirtschaftete 60m^2-Wohnung 700 Euro Miete. Man hat immer nur einen Mietvertrag für ein Jahr. Viele vermieten Zimmer von Montag bis Freitag, weil sie da selbst anderswo zur Arbeit sind, oder umgekehrt nur zum Wochenende. In England ist es nicht außergewöhnlich, dass man dort, wo man wohnt, keinen Job findet. An der Universität übe ich mich in Anpassung an sämtliche kulturelle Gruppen, die ich jetzt unterrichten darf, Studierende aus England, Asien, dem mittleren Osten, Indien und (Kontinental-)Europa. Das ist sehr spannend und hat auch anfangs viel Fokus verlangt. Diese Vielfalt setzt sich bei meinen KollegInnen fort,und bildet ein sehr inspirierendes Arbeitsumfeld.

Wird uns – wie es der US-Ökonom Jeremy Rifkin einst prognostiziert hat – in absehbarer die Arbeit ausgehen?

Ich denke die Global Player suchen und finden ihren Wettbewerbsvorteil, den sie ausnutzen können. Sie haben die finanzielle Macht und die Flexibilität. Ein Beispiel für „Offshoring": Viele multinationale Unternehmen haben Callcenter oder Steuerbescheide zum Beispiel nach Indien ausgelagert oder sind bereits weitergezogen. Auch AkademikerInnen und Consultingfirmen werden durch Übersetzungsleistungen und Foliensätze aus diesen Regionen versorgt.

Insgesamt hat sich die Kommunikation in der Arbeitswelt stark verändert und fordert hohe Anpassungsleistungen. Frühere Generationen haben aufgebaut, zum Beispiel Netzwerkstrukturen, die weitere Generationen nutzen und verändern. Babyboomer und Generation X haben viel Wissen und Erfahrung gesammelt. Ich denke, der Austausch zwischen Generationen wird, beziehungsweise ist, schon eine Herausforderung, hinsichtlich Kommunikationsmedien, aber auch hinsichtlich der Werte, der damit verbundenen Strategien und Lösungsansätzen.

Was bedeutet das für die Führungskräfte?

Herausforderungen bei der MitarbeiterInnenführung, hinsichtlich relationaler Aspekte, Integration, Kommunikation, Knowledge-Transfer.

Viele Leute treffen einander virtuell in der Cloud. Wie managt man die?

Ich denke, es ist eine Herausforderung, die virtuelle Arbeitswelt und die "scheinbar" vorhandene Autonomie zu managen. Einerseits signalisiert sie starke Autonomie und Flexibilität, andererseits können dadurch neue Monitoringsysteme zum Einsatz kommen. Die Fragestellung, wer in einer Organisation das Risiko trägt, ist zentral. Es ist zu beobachten, wie das Risiko – oft unbemerkt – sukzessive an Individuen abgegeben wird, zum Beispiel die Kosten für den eigenen Arbeitsplatz. Da muss man wachsam bleiben!

Eine zentrale Frage ist hier sicherlich: Wie werden überhaupt Beziehungen in der Arbeit gemanagt oder reicht hier Selbst-Management? Und wenn ja, bis zu welchem Grad. Gleichzeitig ist für Unternehmen Compliance ein großes Thema. Wie geht man mit Vertrauen und Gerechtigkeit in Organisationen um? Auch hier kann es zu einer Individualisierung kommen, insbesondere wenn es in vielen Unternehmen keine lokalen Arbeitsplätze mehr gibt. Für Unternehmen eine weitere Möglichkeit enorme Kosten einzusparen: Man kann Standorte zusperren.

Was bedeuten westliche Werte in Indien?
Eine starke Ökonomisierung, mit enormen Zielkonflikten, Umweltverschmutzung und immer noch unmenschlichen Arbeitsbedingungen, die in teilweise brutale Arbeitskämpfe münden, wie zum Beispiel 2012 in der Fabrik von Maruti Suzuki India Limited (MSIL), nachdem 147 ArbeiterInnen im Gefängnis gesessen sind. Solange fehlender Arbeitnehmerschutz ein Wettbewerbsvorteil ist, sind wohl westliche Werte sehr selektiv zu betrachten.

Was sind die essenziellen Fragen, die sich Karrieristen heute stellen sollten?
Inwieweit macht eine Romantisierung der Karriere Sinn, beziehungsweise welcher Zugang zu Arbeit besteht überhaupt? Wie sieht die Bedingtheit der Wahl bezüglich Arbeit aus? Wo wird für Risikoausgleich gesorgt, wo sorge ich selbst dafür. In welchen Fristigkeiten denke ich? Ich denke hier sind die Themen sehr an individuelle Lebenssituationen angepasst. Zentrale Themen können sich um Work-Life-Balance drehen oder existenzbezogene Fragen aufwerfen.

Die alten Erwerbsbiografien gibt es nicht mehr. Was folgt nach?
Die Wahrnehmung diverser werdender Erwerbsbiografien geht mit den zunehmenden Flexibilitätsanforderungen einher. Ich denke, ein starkes Thema ist die Individualisierung in der Arbeitswelt und damit auch die Machtasymetrien in Organisationen am Arbeitsmarkt. Dadurch entstehen Herausforderungen, die in unterschiedlichen Lebensphasen und Lebenssituationen Flexibilität erfordern.

Wie sollen sich Individuen für die neue Arbeitswelt wappnen?

Ich denke, insgesamt hilft Aufmerksamkeit und Klarheit über die eigenen Wünsche, Ziele und Möglichkeiten, die zeitlich und räumlich bedingt sind. Die Vorstellung, dass das Leben kein Sprint, sondern ein Marathon ist, hilft auch längerfristig einen guten Weg einzuschlagen.

Digitale Revolution

„Wir befinden uns in fundamentalen Umbruchszeiten."

Was wir bisher sehen, sei erst der Anfang der digitalen Revolution, deren künftige Auswirkungen auf unsere Wirtschaft, unsere Gesellschaft und unser Leben unsere menschliche Phantasie noch übersteige, meint

Dr. Hannes Ametsreiter

Vorsitzender des Vorstands und CEO von Telekom Austria und CEO der A1 Telekom Austria

Biografie:

Ametsreiter begann seine Karriere als Brand Manager bei Procter & Gamble, bevor er 1996 als Produktmanager zu Mobilkom Austria kam. 2001 wurde er Chief Marketing Officer (CMO) von Mobilkom Austria und 2007 CMO von Telekom Austria TA AG. Seit 2009 war er darüber hinaus CEO der Festnetzgesellschaft Telekom Austria TA. In seine aktuelle Funktion wurde er im April 2009 berufen. Der nunmehr 48-Jährige studierte an den Universitäten Salzburg und Harvard sowie an der INSEAD Business School und nahm am MBA Programm an der Pepperdine University in den USA teil. Per 1. Oktober 2015 leitet der Kommunikationsmanager als CEO Vodafone Deutschland und ist überdies Mitglied des weltweiten Executive Committee der Vodafone Group.

„Krampfhaft nachzudenken ist oft schlecht. Es gilt, in sich hineinzuhören, oder manchmal auch einfach etwas Neues auszuprobieren."

Interview:

Sie waren 19 Jahre bei dem Unternehmen, A1, das Sie Ende Juli 2015 verlassen werden. Was ist Ihr Resumée über diese Zeit?

Die ersten zehn Jahre waren glänzend. Es gab nur Wachstum, Expansion – unter anderem durch Zukäufe – und Globalisierung. Danach wurde es schwieriger durch Roaming. Zudem wuchs die Verantwortung durch die Integration des Festnetzes und damit verbundener neuer Packages, die Resultat neuer Konsumentenwünsche waren und durch den ständigen technologischen Fortschritt möglich wurden. Das wird auch die Basis für eine gute Zukunft sein, in der die Bedeutung von mit Telefonie verbundenem TV und Entertainment stetig zunimmt. Wir befinden uns im Epizentrum der Digitalen Revolution, die gerade erst begonnen hat.

Was haben Sie besonders gut gemacht?
Ich übergebe das Unternehmen mit einem Rekordgewinn im Jahr 2014, das beste Ergebnis in Europa. Gesellschaftliche Entwicklungen gut zu antizipieren und dann aus den pragmatischen Erkenntnissen Produkte zu entwickeln und anzubieten, war und ist meine Ambition. Dabei hilft es, ständig mit branchenfremden Personen, wie etwa Start-up-Unternehmern, Führungskräften aus dem Silicon Valley oder Forschern des MIT das Gespräch zu führen. Grundsätzlich habe ich, so denke ich, ein gutes Gespür für Marken und deren Positionierung.

Woran denken Sie weniger gerne zurück?
An die Skandale, in die das Unternehmen hineingezogen wurde und an die Wochenenden, die ich in den Jahren 2012 bis 2014 mit deren Aufarbeitung und Reaktionen auf Beschuldigungen zugebracht habe.

Die Telekom geriet unter anderem durch Parteienfinanzierung in ein schiefes Licht. Sie selbst sind aber keine politische Besetzung und Ihre Weste blieb auch nach all den Erschütterungen blütenweiß …
Ich bin vor nunmehr fast zwei Jahrzehnten vom Markenartikler Procter & Gamble zu Mobilkom, dort haben wir von den Malversationen nichts mitbekommen. Heute bin ich sehr froh darüber, dass wir die Compliance-Regeln so massiv verschärft haben. Österreichweit hat die Telekom Austria heute die strengsten Compliance-Regeln, um zu verhindern, dass so etwas wieder passiert.

Sie sind gerade am Sprung in den Vorstand von Vodafone international, einem Unternehmen, das 50 Mal größer ist als A1. Was wäre Ihr Plan B gewesen, hätten Sie dieses Angebot nicht bekommen?

Mit 48 Jahren und nach 19 Jahren bei einem Unternehmen überlegt man sich, was man im Leben noch machen könnte. Ich wollte immer nochmals was Neues machen; auch ins Ausland, etwa in die USA, wo ich schon studiert habe. Schon bevor klar war, dass ich A1 2015 verlassen werde, habe ich laufend Angebote bekommen. Da war die Zeit für meine Frau und mich noch nicht reif für Veränderung. Inzwischen hat auch meine Frau einen neuen Job. Sie ist Partnerin bei SpeedInvest, einem Venture Capital Fonds. Wäre nicht das richtige Angebot gekommen, hätte ich mir auch eine Zukunft als Investor für Start-up-Unternehmen oder als Career-Angel vorstellen können.

Die wichtigste Karrierefrage, die man sich mit 40 plus stellen sollte?

Was kann ich wirklich gut, mit welchen Personen und in welcher Branche möchte ich gerne arbeiten, was macht mir wirklich Spaß? Wie viel Energie kann ich noch aufbringen und was bringt mir weitere Energie, das ist ein ganz wichtiger Punkt. Alle diese Fragen müssen dann auch abgewogen werden mit Sachzwängen, etwa ob noch Kredite fürs Haus abzuzahlen sind und das Schulgeld für die Kinder.

Wo haben Sie über diese Fragen nachgedacht?

Krampfhaft nachzudenken ist oft schlecht. Es gilt, in sich hineinzuhören, oder manchmal auch einfach etwas Neues auszuprobieren, selbst wenn damit die Gefahr des Scheiterns verbunden ist.

Wie verarbeiten Sie persönlich Scheitern?

Gerade in schwierigen Zeiten lernt man Menschen besser einzuschätzen und lernt, dass harte Zeiten auch neue Erkenntnisse bringen. Etwa die Erkenntnis, dass Fehler korrigierbar sind. Und man entwickelt verstärkt Resilienz, Durchhaltevermögen und die Einstellung „The best is yet to come“.

Wie wird Ihr neues Leben als Vodafone-Vorstand aussehen?

Die Abstimmung mit der Gruppe wird dort komplexer ausfallen, als bei meiner bisherigen Tätigkeit. Das Deutschland-Headquarter ist in Düsseldorf untergebracht, wo ich von Montag bis Donnerstag arbeiten werde. Es hat noch eine Niederlassung in München, wohin auch meine Familie übersiedelt. Am Freitag werde ich dort arbeiten und das Wochenende mit meiner Frau und mit meinen Töchtern, die jetzt zweieinhalb und sieben Jahre alt sind, verbringen.

Was sind die wichtigsten Trends, die Karrieren heute beeinflussen?

Wir befinden uns in fundamentalen Umbruchszeiten. Was wir bisher sehen, ist erst der Anfang der digitalen Revolution und wie sie unsere Wirtschaft, unsere Gesellschaft und unser Leben noch verändern wird, übersteigt wohl heute noch unsere menschliche Phantasie. Was sich aber bereits abgezeichnet hat, ist:

„The winner takes it all" wie man an Google, Facebook oder Amazon sehen kann.

Ihre Auswirkungen auf Produktion, Logistik und Dienstleistungen werden massiv sein – schon heute will Foxconn eine Million Mitarbeiter durch eine Million Roboter ersetzen.

Eine Schreckensvision für abhängig Erwerbstätige ...

Es entstehen auch neue Möglichkeiten, etwa in der Programmierung dieser Roboter, in der Entwicklung neuer Produkte und Dienstleistungen.

Was würden Sie ihren Töchtern, wären sie heute 18 Jahre alt und stünden vor der Entscheidung für ein Studium, raten?

Ich würde mich heute auf jeden Fall auf die Internationalität vorbereiten und neben Englisch noch zwei weitere Fremdsprachen lernen. Das beginnt natürlich schon in der Kindheit, in der die Weichen für Offenheit und Aufgeschlossenheit für das Fremde und das Neue gestellt werden. Meine Frau und ich bemühen uns mit viel Liebe, die Toleranz, Offenheit und Freude in unseren Töchtern zu fördern. Und es gilt, sich seiner wirklichen Fähigkeiten bewusst zu werden.

Diversität

„Ich freue mich, wenn es Freitag ist"

Flexibles Arbeiten für die Gendergerechtigkeit, Auszeit als Burn-out-Prophylaxe, Arbeitszeiten gegen das Ausbrennen, den verpflichtenden Blick über den Tellerrand und den Fokus auf das Können statt auf die Zeugnisse von Bewerbern propagiert

Willibald Cernko
Vorstandsvorsitzender der UniCredit Bank Austria

Biografie:

Der Absolvent der Handelsakademie sowie der Exportakademie an der Wirtschaftsuniversität Wien wurde 2009 – nach rund 30 Jahren Berufslaufbahn im Bankwesen – zum Vorstandsvorsitzenden der Bank Austria bestellt.
Zuvor war er unter anderem als Vorstand für Privat- und Geschäftskunden in der Bank Austria bzw. in der HypoVereinsbank (UniCredit Bank AG) tätig.
Seit 2011 ist Cernko Präsident des Verbands österreichischer Banken und Bankiers, seit 2013 Vorsitzender des Aufsichtsrates der Wiener Börse AG und der CEESEG AG (CEE Stock Exchange Group).

„Ein Mensch wie ich, mit meinem CV, hätte heute keine Chance auf eine Position, die ich mir wünsche."

Interview

Was sind die wichtigsten Trends, die Karrieren heute beeinflussen?
Die Globalisierung, die Digitalisierung und die Diversität. Es bedarf einer gewissen multikulturellen Intelligenz, um mit den neuen Formen der Völkerwanderungen anders umzugehen, als durch das Errichten hoher Zäune und das Entsenden von Kriegsschiffen.

Was sind die größten Herausforderungen, vor denen Banken aktuell stehen?
Wir müssen das verspielte Vertrauen wieder zurückgewinnen. Das wird allein mit Regulierungen nicht gelingen.

Es gibt eine Reihe von Studien, die die These vertreten, dass Finanzcrashes in der Form, wie wir sie erlebt haben, mit einem höheren Anteil von Frauen in Vorständen und in Aufsichtsräten nicht passiert wären ...
Männer neigen zu Sprinterqualitäten, Frauen sind ihnen in langfristigen Projekten überlegen. Die Genderdebatte darf nicht nur auf Quotenbasis geführt werden. Wenn wir unseren Talentepool betrachten, haben wir dort etwa gleich viele männliche wie weibliche potenzielle künftige Führungskräfte, die unsere Karriere-Pipeline darstellen. Als Unternehmen sind wir gefordert, Frauen sowohl im Karriere- als auch im Kinderwunsch zu unterstützen. Es kann nicht sein, dass sich beides nur mit Nannies realisieren lässt, und Arbeitgeber können mehr tun, als firmeneigene Kindergartenplätze zu errichten. Gerade die modernen Technologien machen es ja möglich, dass von überall aus gearbeitet werden kann. Physische Präsenz ist längst keine Bedingung mehr und darf auch keine für Aufstieg und die Wahrnehmung einer Führungsposition sein.

Gerade unter Männern ist die Angst vor einem Karriereknick weitverbreitet ...
Teilzeit hat bei uns noch immer den Beigeschmack eines McJobs. Wir bieten Frauen und Männern, Jungen und Alten, Führungskräften und Mitarbeitern unterschiedlichste Teilzeitmodelle an. Sie anzunehmen darf nicht bedeuten, dass jemand, der bei der Türe rausgeht, um eine Auszeit zu nehmen, gleichzeitig seine Karriere an den Nagel hängt.

Sie arbeiten auch an verpflichtenden Sabbaticals für Führungskräfte. Warum?
Dass Topmanager über Jahrzehnte hindurch 18-Stunden-Tage leisten, ist unrealistisch. Mit diesem Affentempo 50 Jahre durchzuhalten, das ist nicht machbar. Ich persönlich freue mich immer, wenn es Freitag ist, und nehme mir am Wochenende bewusst Auszeiten, auch wenn es ganz ohne Arbeit auch da natürlich nicht geht.
Wir wollen nicht warten, bis jemand sagt „Hilfe, ich kann nicht mehr."

Daher sind Kreativpausen, in denen neue Fähigkeiten und neue Einsichten sowie der Blick über den Tellerrand gewonnen werden, so wichtig. Langfristig sind sie von großem Vorteil für Unternehmen in einer so vernetzten globalen Gesellschaft.

Die Arbeitslosigkeit in Europa steigt beständig an. Österreich wird oft nachgesagt, dass das Land zu wenige Unternehmer hervorbringt ...

Bei uns ist Scheitern tabu. Berlin zum Beispiel hat eine boomende Start-up-Szene. Das liegt unter anderem an der Niedrigschwelligkeit bei der Unternehmensgründung. Dort wird nicht zuerst nach Zeugnissen und Gewerbescheinen gefragt und es stehen jede Menge leistbarer Co-Workingplaces zur Verfügung. Wer scheitert, hat nicht gleich sein Leben ruiniert, sondern schlimmstenfalls ein paar tausend Euro Startkapital verloren. Wer gescheitert ist, hat jedenfalls eine sehr intensive Lernkurve hinter sich. Leider gibt es bei uns wenige Freiräume, wo sich junge Leute selbst erproben können.

Apropos Lernen: Derzeit erleben wir eine Akademisierung – manche sprechen sogar von einer Überakademisierung – unserer Gesellschaft. Sie selbst haben kein abgeschlossenes Studium. Wäre eine Karriere wie die Ihre heute wiederholbar?

Ein Mensch wie ich, mit meinem CV, hätte heute keine Chance auf eine Position, die ich mir wünsche. Heute haben die meisten Bewerber neben einem abgeschlossenen Studium und Kenntnissen in drei Fremdsprachen auch Auslandssemester und -praktika vorzuweisen. Die Personalabteilungen sortieren hunderte Bewerbungen mittels Softwareunterstützung vor. Das schwierigste für junge Leute ist, einmal überhaupt einen Fuß in die Türe zu bekommen. Zu einem persönlichen Gespräch eingeladen zu werden und sich dort selbst darstellen zu dürfen, ruft schon Jubelschreie hervor.

Ich frage Human Resources-Manager oft, ob wir uns da nicht die interessantesten Leute entgehen lassen, wenn wir zuerst nur auf Abschlüsse und Zeugnisse, statt auf das Können und die persönlichen Erfahrungen schauen.

Nichts hört mehr an der Landesgrenze auf

Die Globalisierung hat sehr große Auswirkungen auf Karrierewege, weil man heute kaum noch rein lokale Entscheidungen ohne Berücksichtigung des internationalen Umfelds treffen kann, so die Erkenntnis von

Prof. Dr. Andreas Dombret
Mitglied des Vorstands der Deutschen Bundesbank

Biografie

Andreas Dombret wurde 1960 als Sohn deutscher Eltern in den USA geboren. Nach dem Abitur in Ahlen, Westfalen, absolvierte er zunächst eine Ausbildung zum Bankkaufmann bei der Dresdner Bank in Münster und studierte danach Betriebswirtschaftslehre. Als promovierter Dr. rer. pol. der Friedrich-Alexander-Universität zu Erlangen-Nürnberg setzte er seine Banklaufbahn 1987 in der Zentrale der Deutschen Bank in Frankfurt am Main (Prokurist) fort. Nach vier Jahren wechselte Dombret für zehn Jahre zu JP Morgan, Frankfurt am Main und London, wo er Mitglied der Geschäftsleitung war, ehe er 2002 als Co-Leiter der Rothschild Bank nach Frankfurt zurückkehrte. Weitere vier Jahre später folgte der damals 45-Jährige dem Ruf der Bank of America, Frankfurt am Main und London, als Vorsitzender der Geschäftsleitung für Deutschland, Österreich und die Schweiz und Vice Chairman Europa.

Seit Mai 2010 ist Dombret Mitglied des Vorstands der Deutschen Bundesbank, aktuell zuständig für die Bereiche Banken und Finanzaufsicht und Risiko-Controlling sowie die Repräsentanzen und Repräsentanten der Bundesbank im Ausland.

In dieser Funktion vertritt er die Bundesbank auch bei den Treffen der G7, G20 und des IWF und ist unter anderem Mitglied des Supervisory Boards der EZB, des Basler Ausschusses für Bankenaufsicht sowie des Verwaltungsrats der Bank für Internationalen Zahlungsausgleich in Basel.

Als großer Kunstliebhaber und -förderer ist Dombret unter anderem auch Kuratoriumsmitglied der Schirn Kunsthalle und des Städel Museums in Frankfurt am Main. Seit 2009 lehrt der verheiratete Vater einer inzwischen 16-jährigen Tochter überdies als Honorarprofessor an der European Business School, Oestrich-Winkel bei Frankfurt.

„Mit der Schere im Kopf ist weder persönliche Veränderung noch Weiterentwicklung möglich."

Interview

Was sind aus Ihrer Sicht die wichtigsten Trends, die aktuell Karrierewege beeinflussen?

Ein wichtiger Trend ist es, Frauen gleichzustellen. Nach wie vor sind sie in Aufsichtsräten und Vorstandsetagen unterrepräsentiert. Das bedeutet, dass Frauen derzeit besondere Chancen haben. Mit der Quotenregelung im deutschen Gleichstellungsgesetz werden bei Neu- und Nachbesetzungen Frauen bevorzugt, und das ist grundsätzlich auch richtig so.

Fühlen sich männliche Kandidaten dadurch inzwischen diskriminiert?

Gerade im staatlichen Bereich wird forciert nach Frauen gesucht. Männer können ausgeschriebene Stellen quotenbedingt nur bekommen, wenn der Frauenanteil entsprechend ausgeschöpft ist. Ich befürworte die Chancengleichheit für Frauen nachhaltig, denn das steigert die Effizienz unseres Wirtschaftssystems, setzt die richtigen Anreize und ist einfach fair.

Obwohl Sie ein Mann sind. Welche Vorteile sehen Sie in diversen Führungsgremien?

Es ist ja schon rein statistisch unmöglich, dass nur Männer etwas können. Ich bin jetzt aus meinem Rotary Club ausgetreten, weil er eine reine Männerpartie war. Mit solchen Formationen kommt man heute nicht mehr weiter, und man kann sie auch nicht länger rechtfertigen.

Einer der Gründe, warum es Frauen selten sowohl zu Karriere als auch zu Kindern bringen, ist die mangelnde Rückendeckung durch Männer. Orten Sie diesbezüglich einen gesellschaftlichen Wandel?

Nein, das wird leider wohl noch eine Weile dauern. Der Mann, der in diesem Sinne fehlerfrei ist, möge den ersten Stein werfen …

Wie stehen derzeit generell die Karrierechancen im von zahlreichen Krisen durchgeschüttelten Finanzdienstleistungsbereich?

Als Reaktionen auf den steigenden Kostendruck und befördert durch die Digitalisierung werden all jene Prozesse automatisiert, die auch von Rechnern durchgeführt werden können. Das geht bis zur Beratung. Dennoch ist die Digitalisierung nicht nur als Bedrohung, sondern auch als Chance zu verstehen. Die eingesparten Mittel können an anderer Stelle investiert und damit die Qualität der Dienstleistung gesteigert werden. In der Beratung etwa bis hin zum Hausbesuch, wo ein persönliches Gespräch möglich ist.

Auf der anderen Seite steigt das Risiko der Cyber-Kriminalität ...
Heute finden die Banküberfälle im Cyberspace statt. Bei JP Morgan zum Beispiel haben Hacker Millionen Kundendaten gestohlen. Weil das ein sehr großes Thema ist, steigen die Karrierechancen jener, die sich auf den Schutz der Daten und die Risikoprophylaxe verstehen.

Welche neuen Anforderungen ergeben sich durch die Globalisierung unserer Wirtschaft?
Sie hat sehr große Auswirkungen auf Karrierewege, weil man heute kaum noch rein lokale Entscheidungen ohne Berücksichtigung des internationalen Umfelds treffen kann. Wir müssen viel mehr als früher die Fähigkeit mitbringen, vernetzt zu denken. Nichts hört mehr an der Landesgrenze auf.

Derzeit ist Immigration ein in den Wohlstandsnationen Europas heiß diskutiertes Thema ...
In Deutschland gibt es statistisch derzeit 1,4 Geburten pro Frau. Um den Wohlstand zu halten, bräuchten wir in Europa aber fünf Geburten. Die USA haben gezeigt, dass sich der Geburtenrückgang mit Immigration erfolgreich ausgleichen lässt. China hat dank der Ein-Kind-Politik einen Überschuss an männlicher Bevölkerung – von 1,3 Mrd. Menschen sind nur 350 Millionen Frauen – und überlegt eine Gesetzesänderung.
Wir befinden uns am Übergang zu einer Technologiewirtschaft. Technologie ist der Treiber des Wirtschaftswachstums. Meine Tochter, die gerade 16 Jahre alt geworden ist, ist ein „Digital Native“. Ich versuche, so gut es geht, auf dem Laufenden zu bleiben. Wer heute vor der Kurve sein will, muss sich aktiv bemühen, die neuen Technologien früh zu verstehen.

Kann Europa bezüglich Innovationskraft im globalen Wettbewerb überleben, oder braucht es Nachhilfe in Sachen Kreativität etwa aus dem Silicon Valley?

Das größte Wachstum in den USA kommt aus nur fünf US-Landkreisen, den sogenannten Counties. Hier sind die IT- und die Finanzbranche beheimatet. Nur IT-Ideen, die auch finanziert werden, können Marktreife erlangen. Technologie und Finanzdienstleistung – diese beiden Welten brauchen und beeinflussen einander.

Was ist die wichtigste Karrierefrage, die sich Menschen ab 40 stellen sollten?

Was macht mir Freude? Das ist meines Erachtens die beste Voraussetzung, um überdurchschnittlich im Beruf zu sein und um Erfolg zu haben. Durch den medizinischen Fortschritt sind heute 60-Jährige die 45-Jährigen der Nachkriegszeit.

Ist die Spaßfrage nicht in der Mehrheit der Fälle kapitalabhängig?

Man braucht nicht nur finanzielle, sondern vor allem auch intellektuelle Freiräume. Mit der Schere im Kopf ist weder persönliche Veränderung noch Weiterentwicklung möglich.

Expatriates

Ich habe eigentlich gar keine Karriereplanung betrieben

Sein Antrieb war die persönliche Neugier auf fremde Kulturen, speziell die „slawische Welt" hat ihn immer besonders interessiert, erzählt der begnadete Networker

Dr. Cornelius Granig
Topmanager, Expatriate in slawischen Ländern

Biografie

Cornelius Granig ist seit fast einem Jahrzehnt in verschiedenen Ländern Osteuropas tätig. Dabei arbeitete er sechs Jahre in der Ukraine, wo er als Generaldirektor von Siemens und als stv. Vorsitzender des Vorstands von Raiffeisen, der größten internationalen Bank des Landes, fungierte.

Zu Beginn seiner Managementlaufbahn bekleidete Granig über zehn Jahre zahlreiche Funktionen in Zentral- und Osteuropa für den IBM-Konzern. Zuletzt war er dort für den Aufbau des „Global Delivery Center" in Rumänien verantwortlich.

Der 1970 in Feldkirchen geborene Kärntner absolvierte Studien an der Universität Wien und der Donau-Universität Krems und spricht fließend Deutsch, Englisch und Russisch.

„Ich kenne viele meiner Mitarbeiter und Geschäftspartner und versuche, nicht nur mit anderen Österreichern zusammenzusitzen."

Interview

Was sind die Ingredienzien, die ein erfolgreiches Topmanagement in Osteuropa ausmachen?

Ich bin seit vielen Jahren im Vorstand von Unternehmen tätig und wurde von Konzernen wie IBM, Siemens und Raiffeisen in Managementpositionen geholt, um einen positiven Wandel in der Unternehmenskultur zu befördern. Dabei ist es sehr wichtig, einen objektiven und fairen Managementstil anzuwenden, damit auch die „verborgenen Perlen“ in der Organisation ans Tageslicht kommen und Karriere machen können. Wichtig ist natürlich, Erfolg zu haben, um Kunden, Aktionäre und Mitarbeiter glücklich zu machen. Dazu gehört aber auch, in Zeiten des Misserfolgs und Dahindarbens, durch die viele Unternehmen in Wirtschaftskrisen gehen, das Gefühl für den Wandel und die permanente Verbesserung nicht zu verlieren. Nur so kann man diese Phasen gut meistern und verliert nicht wichtige Mitarbeiter und Kunden in Krisenzeiten.

Was waren Ihre Hauptaufgaben bei den Auslandsentsendungen?
Mein Aufgabenschwerpunkt lag in der Modernisierung von Organisationen unter dem Einsatz moderner Mittel der Informations- und Kommunikationsgesellschaft, um kunden- und mitarbeiterfreundlicher zu werden und die Qualität der Leistungen oder Produkte zu verbessern. Dazu gehört inzwischen allerdings auch, ein großes Augenmerk auf die Sicherheit und Zuverlässigkeit dieser neuen Technologien zu legen. Die Informationsgesellschaft bietet viele neue Möglichkeiten, und vergrößert die Reichweite unserer Aktionen mit vergleichsweise einfachen Mitteln. Letztlich stand aber in all den Wirtschaftsbereichen, in denen ich tätig war, immer das Vertrauen als entscheidendes Kriterium im Vordergrund - egal ob es um Industriebetriebe, Finanzdienstleister oder die IT-Industrie ging.

Was sind die besonderen Herausforderungen in Ihren letzten beruflichen Positionen?
Viele Unternehmen versuchen, durch Restrukturierungsmaßnahmen dramatische Verbesserungen ihrer Ergebnisse zu erreichen. Dabei besteht oft die Gefahr, dass ältere Menschen unter die Räder kommen, da sie mehr verdienen als jüngere Kollegen und in der Regel weniger mobil sind. Mir war es immer sehr wichtig, besonders älteren Menschen Wertschätzung für ihren Erfahrungsschatz entgegenzubringen. Mir geht es um die Qualifikation der Personen, das Alter ist nicht das entscheidende Kriterium.

Ließe sich Ihre Karriere heute nochmals so planen, wie zu Beginn des Jahrhunderts?
Ich habe eigentlich gar keine Karriereplanung betrieben und war getrieben durch meine persönliche Neugier auf fremde Kulturen. Speziell die „slawische Welt" hat mich immer besonders interessiert.

Die gehört ja nicht gerade zu den Wunschdestinationen heimischer Manager, die sich auf ein Auslandassignment einlassen ...
Für viele war die Sowjetunion ein unbekanntes Territorium, vor dem sie Angst hatten und nur wenige wollten in deren Nachfolgestaaten. 2006 war mein erster Auslandseinsatz für IBM in Rumänien, insgesamt verbrachte ich mehr als zehn Jahre in diesem Konzern, in dem es vor allem um das IT- und Beratungsgeschäft ging. Danach wollte ich noch bessere Kenntnisse in den Branchen meiner bisherigen Kunden erwerben. Bei Raiffeisen, der größten internationalen Bank der Ukraine, war der Retailmarkt mit Konsumenten, die nicht viel verdienten und versucht haben, eine Art Mittelschicht zu bilden, sehr spannend. Nur von 2004 bis 2008 gab es dort ein konjunkturell positives Fenster, davor und danach wirtschaftlichen Niedergang und – leider bis heute – den Wunsch vieler Menschen auszuwandern.

Wie isoliert lebt es sich als Expatriate in den jeweiligen CEE-Entsendungsländern?
Ich habe viele lokale Freunde. Ich kenne viele meiner Mitarbeiter und Geschäftspartner und versuche, nicht nur mit anderen Österreichern zusammenzusitzen. Ich unterstütze auch eine Reihe karitativer Projekte, das führt automatisch zu neuen Kontakten mit Einheimischen. Und ich habe gute Kontakte zu vielen lokalen und internationalen Journalisten. Wenn man die kennt, ist man gut informiert – und sie erzählen mir auch das, was sie nicht schreiben.

Was ist die wichtigste Karrierefrage, die sich Ihnen stellt?
„Was treibt mich an?" Bei mir ist es der Wunsch, demokratische, westliche Werte zu vermitteln, gegen jede Art von Korruption und Betrug aufzutreten und selbst für eine geradlinige ehrliche Arbeit zu stehen. Das ist

immer eine Herausforderung, weil in den Ländern, in denen ich arbeite, die Bemühung, so schnell wie möglich und mit allen Mitteln den sozialen Aufstieg zu schaffen, sehr groß ist.

Sind Sie dabei in gefährliche Situationen geraten?
Ich wurde einmal in Osteuropa von einer kriminellen Gruppe bedroht, deren Geschäfte ich gestört hatte. Mafiöse Gruppen versuchen mit allen Mitteln, nicht korrupte Manager zu korrumpieren – über Zuwendungen bis zu Bedrohungen. Man muss immer auf der Hut sein und auch sicherstellen, dass es wirklich nichts gibt, wo jemand gegen einen ansetzen könnte. Das gilt auch für die Aufgaben der Familienmitglieder oder des Freundeskreises.

Mit welchen Mitteln hat diese Gruppe versucht, Sie zu bedrohen?
Sie veröffentlichten im Internet im Schutz der Anonymität sehr eigenartige Vorwürfe gegen mich: Etwa, dass ich mit allen Frauen, die ich befördert habe, ein Kind hätte. Dabei wurde mir im gleichen Atemzug vorgeworfen, homosexuell und drogensüchtig zu sein. Im Zeitalter des Internets gibt es viele neue Möglichkeiten für anonyme Heckenschützen, die einen schaffen wollen, weil ihre korrupten Machenschaften gestört wurden. In solchen Fällen muss man sich fragen, „Wer steht hinter den Vorwürfen, wer hat was davon?" und versuchen negative Energien in positive umzuwandeln.

Wie sind Sie jeweils rekrutiert worden, über Headhunter?
Ich bin nur ein einziges Mal über Headhunter – Spencer Stuart hat mich zu Raiffeisen gebracht – vermittelt worden. Die meisten Jobs, in denen ich tätig war, waren nie ausgeschrieben. Ich kannte Führungskräfte der anderen Unternehmen, denen ich empfohlen wurde.

Was macht Sie fit für so viele Jobwechsel und noch dazu Einsätze in verschiedenen fremden Kulturen?
Ich glaube, wenn man lang in einem Konzern ist, muss man sich fragen, will man da für immer bleiben oder verändert man sich? Da muss man dann möglicherweise mehrmals wechseln. Es ist wichtig, dass man eine

inhaltliche Dimension entwickelt, die nicht nur an der konkreten Aufgabe hängt, und damit auch nicht mit der Aufgabe fällt, wenn die sich verändert.

Was sollte man bei einem Jobwechsel alles beachten?
Zumeist sind solche Veränderungen Entscheidungen, für die man ein paar Monate Zeit hat zu überlegen und auch mit dem Partner zu reden. Wichtig ist, dass man nicht nur das finanzielle Angebot sieht, sondern überlegt, ob man sich weiterentwickeln kann.

Wie gelingt Integration in so fremden Kulturen?
Ich versuche immer, etwas an der Uni zu arbeiten, als Lehrender aber auch als Studierender. Man sollte sicher auch immer auf vertraute Ratgeber zurückgreifen. Es ist wichtig, die Werte, die man predigt, auch selbst zu leben. Und man darf nie als Oberlehrer auftreten.

Wie pflegen Sie Ihre Kontakte in der Heimat?
Facebook macht es möglich, dass man mit allen seinen Freunden in Verbindung bleibt. Die anderen Medien wie Xing und Linkedin sind auch nett. Ich sehe die Vorteile der Unmittelbarkeit, dass man alles sofort erfährt oder weitergibt. Ich habe Freunde in der Südsee, in Afrika, in Lateinamerika, die ließen sich nicht dadurch pflegen, dass man jedem Briefe schreibt.

Wieviel Zeit investieren Sie in diese Korrespondenz?
Eine Stunde pro Tag.

Was macht Ihre Frau Olga, eine Ukrainerin, beruflich?
Olga hilft mit ihrer Initiative „Austriacare“ Menschen aus Osteuropa, die in ihren Heimatländern nicht behandelt werden können. Das ist teilweise sehr aufwändig, da für die Patienten zumeist Visa organisiert werden müssen, um ihre Behandlung in Wien beispielsweise im AKH oder in der Wiener Privatklinik zu ermöglichen. Auch die Interpretation der Krankengeschichten und das häufige Fehlen von klaren Diagnosen macht es schwierig, diese armen Menschen auf die Reise zu schicken. Besonders

schlimm ist die Situation krebskranker Kinder aus der Ukraine, da auf die Eltern enorme Kosten zukommen, während die Behandlung im Ausland aber die einzige Chance auf Heilung darstellt.

Was würden Sie heute anders machen, stünden Sie noch einmal am Beginn Ihrer Karriere?

Ich hätte schon viel früher einen Schwerpunkt auf die Erweiterung meiner Fremdsprachenkenntnisse legen sollen. Russisch hat mir dabei in den letzten Jahren die Augen geöffnet, da sich für mich mit dem Erlernen dieser Sprache eine völlig neue Kultur erschlossen hat. Derzeit lerne ich Spanisch, um mir für die Zukunft neue berufliche Möglichkeiten zu eröffnen. Man muss die Menschen lieben, um gut mit ihnen gut zusammenarbeiten zu können. Die Sprache ist allerdings der Schlüssel zu ihren Herzen!

Karrieren muss man anders planen als vor 20 Jahren

Im Alter zwischen 35 und 40 im Management muss man raffen, was irgendwie geht, weil mit 45 zählt man schon wieder zum alten Eisen, beobachtet

Mag. Harald Hartung
Abteilungungsleiter innnerhalb des EU-Ressorts Erziehung, Kultur, Jugend und Sport

Biografie

Harald Hartung ist nach dem Studium der Philosophie über die Zwischenstation Österreichische Industriellenvereinigung in Brüssel gelandet und hat dort eine Bilderbuchkarriere absolviert: Von 1996 bis 1999 war der Österreicher Botschaftsrat an der Ständigen Vertretung Österreichs bei der EU. 1999 startete die Management-Karriere des Wieners in der Kommission, der obersten Verwaltungsbehörde der EU: Zunächst leitete Hartung die Abteilung für Neue Technologien im audiovisuellen Bereich. Dann jene für Bürgerbeteiligung und Zivilgesellschaft und von 2004 bis 2006 die Abteilung für Kultur, danach die Abteilung für Sprachenpolitik in der Generaldirektion für Bildung und Kultur der EU-Kommission. Ab Jahresbeginn 2013 leitete der 55-jährige Österreicher die Abteilung für die internationale Kooperation der Europäischen Kommission im Bereich der Universitäten, Bildung, Ausbildung und Kultur.
Privat sucht der Ehemann der österreichischen PR-Unternehmerin Andrea Hartung Ausgleich beim Wandern und in der Natur und last but not least in der Kunst. Schließlich hat er sich nach dem Studium auch eine Laufbahn als Restaurator alter Bilder vorstellen können.

„Wir haben keinen Raum mehr, in dem Menschen Fehler machen können und trotzdem Anerkennung bekommen."

Interview

Welche Qualifikationen muss man aufweisen, um als Stagiaire nach Brüssel zu kommen?

Wir vergeben bei der Kommission pro Semester 600 Praktikantenplätze. Pro Halbjahr bekommen wir bis zu 24 000 Bewerbungen. Alle haben eine sehr gute Ausbildung, internationale Erfahrung und sprechen drei bis vier Sprachen.

Sie sind jetzt in der Abteilung Erziehung, Kultur, Jugend und Sport unter anderem für die Integration von jugendlichen Migranten in Europa tätig. Wie gehen Sie an das Thema heran?

Ich habe u.a. die Aufgabe, nach den Attentaten von Paris und Kopenhagen die Gründe für die Radikalisierung mancher Gruppen von Jugendlichen zu analysieren. Womit ich mich primär beschäftige ist Prävention. Meine Partner sind NGOs. Ihre Jugendarbeiter gehen vor Ort in die EU-Banlieues. Dabei geht es vor allem darum, diejenigen zu erreichen, die bereits aus allen Systemen herausgefallen sind. Ich bin zutiefst beeindruckt von ihrer Arbeit. Was mich beunruhigt ist, dass wir keinen Raum mehr haben, in dem Menschen Fehler machen können und trotzdem Anerkennung bekommen. Gerade junge Menschen müssen auch solche Erfahrungen machen dürfen und dabei Teil der Gesellschaft bleiben. Nur so können sie auch lernen, selbst Verantwortung zu übernehmen. Auf der EU-Ebene versuchen wir die Arbeit der Social Worker mit Know-how, Ausbildung und Erfahrungsaustausch zu unterstützen. Tibor Navracsics, der für Jugendfragen zuständige EU-Kommissar, will in den nächsten Jahren mit dieser Arbeit mehr als eine Million Jugendliche direkt erreichen.

Wo sind Sie heute in der Organisation hierarchisch angesiedelt?

Administrativ bin ich im Mittelmanagement. An der Spitze stehen die jeweiligen Generaldirektoren, dann kommen die Direktoren und darunter die Leiter der Abteilungen.

Ich habe 1984 angefangen mit der Institution zusammen zu arbeiten und wurde 1987 nach Brüssel entsendet, um dort das Büro der österreichischen Industriellenvereinigung aufzubauen. An einem Freitagabend bin ich mit meinem vollgepackten Peugeot 205 losgefahren und am Montag habe ich mein erstes Treffen mit den Arbeitgeberverbänden – damals UNICE, heute Business Europe – wahrgenommen.

Könnte sich eine Karriere, wie Sie sie gemacht haben, so heute nochmals wiederholen?
Sicher nicht. Schon bei meinem Einstellungsgespräch beim Leiter der internationalen Abteilung der österreichischen Industriellenvereinigung hat mir der gesagt, er sieht diesen Job als Lebensstellung.

Das ist er ja bislang auch geworden ...
Ja, allerdings rochieren wir in der Kommission alle fünf Jahre in neue Aufgabengebiete und Funktionen. Der wesentliche Punkt bei der Rotation ist, die Interessen der eigenen Institution weiterhin bestmöglich wahrzunehmen

Was schätzen Sie an der Arbeit bei der EU?
Ich schätze es, mich immer mit verschiedenen Kulturen auseinanderzusetzen und mit ihnen zu tun zu haben. Ich habe eine zusätzliche Dimension, die mir große Freude macht: Man trägt zu etwas Sinnvollem bei. Das macht mir mehr Spaß, als in einer Produktionsfirma zu arbeiten und dort zu schauen, ob ich die geforderten Stückzahlen erreiche.

Wie führt man so diverse Teams?
Während etwa Dänen klare Worte schätzen, um überhaupt motiviert zu sein, ist gegenüber Franzosen eher die feinere Klinge gefragt, die Kritik und den Stolz der Grande Nation vereinbart, um bestmöglich zu motivieren. Ich darf nicht in einer Reihe mit den Mitarbeitern stehen, damit ich sie führen kann, aber auch nicht weiter als zwei oder drei Schritte vor ihnen, um die Bodenhaftung nicht zu verlieren.

Eines Ihrer Aufgabengebiete war die Bildung der EU-Bürger. Wie bilden Sie sich selbst weiter?
Ich besuche regelmäßig Englisch- und Französischkurse und Managementseminare. Ein Wunsch, den ich mir aus Zeitmangel schwer erfüllen kann, ist mein Russisch aus der Schule aufzufrischen.

Sind Karrieren heute noch planbar?
Die Planungssicherheit ist nicht mehr gegeben, deshalb muss man Kar-

rieren anders planen, als noch vor 20 Jahren. Man ist viel mehr auf sich gestellt und muss sich mehr auf sich selbst besinnen, egoistischer werden. Nach dem Studium folgt meist noch ein Postgraduate, dann kriegt man ein Stage beziehungsweise drei bis vier Praktika. Mit 32 bis 35 folgen die ersten unterbezahlten Jobs, in denen die Jungen rund um die Uhr arbeiten sollen. Zwischen 35 und 40 im Management muss man raffen, was irgendwie geht, weil mit 45 zählt man schon wieder zum alten Eisen.

Was sind die wichtigsten Karrierefragen, die man sich als Mid Ager stellen sollte?

Wo stehe ich heute, wo will ich hin, Was ist mein Lebensziel? Geld? Ausgleich Familie/Freizeit? Selbstverwirklichung?
Das ist wie die Definition von Qualität bei einem Auto. Für die einen bedeutet sie die Fähigkeit in sieben Sekunden von 0 auf 100 km/h zu beschleunigen, für die anderen die Umweltfreundlichkeit und für Dritte, dass es klein ist und man damit überall einen Parkplatz findet.
Mit Karrierezielen geht das auch nicht anders. Viele an Unis wollen künftig forschen, andere wollen Macht und Größe.

Immer mehr auch hochqualifizierte und erfahrene Erwerbstätige verlieren ihre Anstellungen. Welche Trends sehen Sie für die Betroffenen?

In einigen Fällen ist Rausfliegen einfach das Pech, zum falschen Zeitpunkt am falschen Ort zu sein. Trauer darüber kann sehr selbstschädigend sein. Man muss einen Neuanfang aufbauen. In unserer Gesellschaft definieren wir uns hauptsächlich über Job und beruflichen Erfolg. Einer meiner Freunde war Investmentbanker in New York. Mit der Krise hat er Job, Frau und Kinder verloren. Nun hat er in Wien die Fremdenführerprüfung absolviert und baut sich eine neue Existenz auf. Er hat das großartig gemacht und ich bewundere ihn dafür.

Der global bewährte Unternehmenskapitän

Die Karrierreise des gebürtigen Wieners führte steil nach ganz oben und ganz weit weg: von Europa hin nach Brasilien und vermutlich nicht so bald retour.

Dr. Alexander Triebnigg
CEO der União Quimica (UQ) in Brasilien

Biografie

1991 startete der Doktor der Medizin, der auch an der Harvard Business School Management studiert hat, zunächst bei Merck Sharp & Dohme in Österreich. 1995 folgte das erste Auslandsassignment in Belgien, für das Triebnigg als Direktor Marketing und Sales Benelux nach Brüssel übersiedelte. Anschließend avancierte er zum für Deutschland & CEE verantwortlichen Generaldirektor von Thermo Fisher Scientific, einem weltweiten Anbieter von Laborbedarf für Forschung, Klinik und Behörden. 2001 übersiedelte der gebürtige Wiener als Generaldirektor von Novartis Pharma Portugal nach Lissabon, wo er bis 2006 blieb und von Staatspräsident Sampaio mit dem Commandeurskreuz des Verdienstordens mit dem Stern und dem Titel „Comendador" ausgezeichnet wurde. Anschließend ging Triebnigg nach Brasilien und war bis 2013 President (General Manager) der Novartis Group Brasilien und damit verantwortlich für alle sechs Business Divisions mit 3 000 Mitarbeitern. Unter seiner Führung wurde Novartis zum „Leader of Brazil" gekürt, eine Auszeichnung für Verdienste um die wirtschaftliche Entwicklung des südamerikanischen Landes. Von 2013 bis April 2015 war Alexander Triebnigg Geschäftsführer von Panpharma und Oncoprod, beide 100 hundertprozentige brasilianischen Töchter der Celesio AG. Nach dem Konzernbeschluss, diese beiden Töchter zu verkaufen, trennte sich der Topmanager von Celesio.
Seit August 2015 ist er CEO der União Quimica in Brasilien. Das 3 500 Mitarbeiter beschäftigende pharmazeutische Unternehmen ist in Brasilien führend in Ophthalmologie, Neurologie, Tiergesundheit und hat langfristige Produktions- und Vertriebspartnerschaften mit globalen Pharmaunternehmen. UQ hat mit drei Partnerunternehmen ein Biotechnologieunternehmen zur Entwicklung von Biosimilars gegründet, betreibt

Grundlagenforschung und Entwicklung neuer Medikamente und besitzt bereits Patente im Bereich Onkologie.

„Was man aufgibt, ist das Verwurzeltsein in der heimischen Community."

Interview

Sie blicken auf eine sehr steile internationale Karriere zurück. Ihre Stationen führten über Brüssel nach Lissabon und nach Sao Paolo, wo sie die letzten neun Jahre verbracht haben. Worauf kommt es an, um in so fremden Kulturen und so fernen Ländern zu reüssieren?

Man muss ein Maximum an Demut mitbringen, positiv denken, sich täglich bewusst machen, dass man gerne dort, wo man gerade ist, lebt und sehr rasch die lokale Sprache lernen. Basics wie „Bitte" und „Danke" müssen schon im Übersiedelungsgepäck mitreisen. Man sollte aber nicht nur die Landessprache beherrschen, sondern sich auch intensiv mit der Geschichte, der Politik, dem Sport beschäftigen.

Wie lebt es sich als Österreicher in Brasilien?

Es ist eine unglaubliche Herausforderung und eine spannende Aufgabe in einem Hundert-Millionen-Einwohner-Land. Wir Österreicher sind flexibel und meine Familie und ich haben genossen, was Brasilien zu bieten hat. Allerdings braucht man wegen der hohen Kriminalität im Land auch verstärkte Security. In Brasilien müssen wir auch Viagra einsperren. Dass wir in einem gepanzerten Fahrzeug, chauffiert von einem ehemaligen Polizisten herumfuhren, hat uns 2014 das Leben gerettet. Nach einer privaten Abendeinladung wurden meine Frau und ich in einer engen Gasse von zwei Autos mit vier bewaffneten Gangstern überfallen. Es war wie in einem Thriller! Meine Frau und meine beiden jüngeren Kinder sind Mitte des Jahres 2014 aufgrund schulischer Überlegungen zurück nach Wien. Mein ältester Sohn, der heuer gerade maturiert hat, ist mit mir in Sao Paolo geblieben.

Ende April 2015 verkündete die Celesio AG ihre Absicht, Panpharma und Oncoprod, ihre hundertprozentigen brasilianischen Töchter zu verkaufen. Sie haben sich dann entschieden, das Unternehmen zu verlassen und erhielten zahlreiche Angebote aus Brasilien und aus Europa. Warum fiel Ihre Wahl auf die União Quimica?

Bei Novartis mussten wir immer auf das grüne Licht aus Basel warten, bei Merck aus Whitehouse Station und waren in riesigen Matrixorganisationen eingebunden. Bei UQ bin ich der CEO und kann Entscheidungen schnell und vor Ort mit einem starken Vorstand treffen. Ich bin das erste Mal in meiner Karriere der Letztverantwortliche für alle Entscheidungen meines Unternehmens, eine wunderschöne neue Herausforderung, die genau in meine jetzige Karrierephase passt. All dies und die Tatsache, dass der brasilianische Pharmamarkt zweistellig wächst und ein Riesenpotenzial hat, hat mir die Entscheidung, die Position bei UQ anzunehmen, sehr leicht gemacht.

Was steuern Sie als neuer Unternehmenskapitän an?

Das führende brasilianische Pharmaunternehmen aufzubauen, Partnerschaften mit globalen Unternehmen zu erweitern, das Unternehmen regional und in Folge international aufzustellen und in den nächsten fünf Jahren das gesamte oder Teile des Unternehmens an die Börse zu bringen.

Haben Sie den Schritt ins Ausland je bereut?

Nie! Ich bin halt ein Pendler und dauernd in Meetings.

Was ist der Preis für Karriere?

Was man aufgibt, ist das Verwurzeltsein in der heimischen Community. Aber im Ausland lebt man ja nicht im Exil und kann weiter Freundschaften pflegen.

Worauf achten Sie bei der Auswahl von Kandidaten für Führungspositionen?

Nicht nur auf deren berufliche Erfolge und Resultate, sondern auch auf ihre persönlichen Kompetenzen. Die lassen sich gut in Gesprächen mit Kunden, bei Präsentationen oder bei Abendessen mit dem höheren Management beobachten. Dort sollten sie auch über anderes als über Arbeit sprechen können.

Was sind die wichtigsten Fragen, die man sich in der Mitte der Karriere, beziehungsweise im letzten Drittel stellen sollte?

Mit 40 plus sollte man sich die gleiche Frage stellen, wie mit 30 oder 50 plus. Was man tut, muss einem Spaß machen, man sollte es leidenschaftlich tun. Was macht mir Spaß und worin bin ich daher gut? Wenn man mit Leidenschaft arbeitet, ist man auch gut. Wer sich mit 40 plus nur noch die Frage nach Sicherheit stellt, ist genau am falschen Weg.

Kann man sich in einem Alter ab 40 plus noch einmal neu erfinden, die Branche oder gar den Beruf wechseln?

Thomas Ebeling ist ein gutes Beispiel dafür. Er war von 2000 bis 2007 als CEO verantwortlich für das globale Pharmageschäft von Novartis, das unter seiner Führung den Umsatz von 11 Milliarden US-Dollar auf 22,6 Milliarden. US-Dollar mehr als verdoppelt hat. 50-jährig wechselte er die Branche, nachdem seine Zeit bei Novartis abgelaufen war und wurde Vorstandsvorsitzender der ProSiebenSat.1 Media AG.

Ich habe auch die Branche gewechselt, ich könnte heute genauso bei Amazon sein. Idealerweise ist der finanzielle Polster nach der Mitte der beruflichen Laufbahn so groß, dass man sagen kann „Ich höre auf." Dann fehlen einem aber die Aufgaben.

Was raten Sie als Arzt und Kollege Topmanagern jenseits des 40. Geburtstags?

Sie sollten den Smoking vom 30. Geburtstag anziehen und sich auf die Waage stellen. Dann hat man ein greifbares Ziel. Der Körper muss genauso fit gehalten werden wie der Geist. Dazu gehört bewusste Prävention vor Zivilisationskrankheiten, wie zum Beispiel die Umstellung der Ernährung, denn ab einem gewissen Alter ist der wirkliche Feind jedes Managers der Zucker, und Blutdruck und Insulinstoffwechsel schnellen hinauf. Weiters sollten sie sich viel mit jungen Leuten umgeben, diese fördern, ein Team zu Höchstleistungen bringen und sich in der Freizeit mit Nicht-Businessthemen beschäftigen.

Das ist in Ihrem Fall?
Portugiesisch ist nach wie vor meine große intellektuelle Leidenschaft. Wenn ich Zeit habe, werde ich mich hinsetzen und eine Liste der Gedichte anlegen, die mir am besten gefallen haben, in das Portugiesische übertragen.

Kreativität, Kunst, Kultur

„Do not take no for an answer!"

Man sollte ein „Nein" wie eine Art Aufforderung begreifen, den Dialog weiter fortzusetzen. Es könnte ja sein, dass mein Gegenüber die Frage nicht richtig verstanden hat, empfiehlt

Mag. Max Hollein
Direktor der Schirn Kunsthalle in Frankfurt am Main, des Städel Museums und der Liebieghaus Skulpturensammlung.

Biografie

Der gebürtige Wiener studierte in seiner Heimatstadt Betriebswirtschaft und Kunstgeschichte. Während dieser Zeit war er unter anderem als freier Mitarbeiter der Wirtschaftsredaktion der Tageszeitung „Der Standard" tätig. Nach dem erfolgreichen Abschluss beider Studien ging der Sohn des international berühmten Architekten Hans Hollein 1995 als Projektleiter für Ausstellungen am Solomon R. Guggenheim Museum nach New York. Von 1996 bis Ende 2000 folgte eine enge Zusammenarbeit mit Guggenheim-Direktor Thomas Krens, zunächst als „Executive Assistant to the Director" und ab 1998 als „Chief of Staff and Manager of European Relations" – verantwortlich für wesentliche Projekte wie etwa den Aufbau der Ausstellungshallen „Deutsche Guggenheim Berlin" und „Guggenheim Las Vegas", für Ausstellungstourneen, Eröffnungsaktivitäten des Guggenheim Museum Bilbao sowie für Kontakte zu europäischen Kulturinstitutionen, Sammlern, Medien, Kuratoren und Sponsoren.
Als Direktor der Schirn Kunsthalle kam Hollein 2001 nach Frankfurt am Main. Seit 2006 ist er zusätzlich zu seinem Posten in der Schirn Direktor des Städel Museums und der Liebieghaus Skulpturensammlung. Alle drei Häuser erlebten seither einen enormen Aufschwung in Bezug auf Besucherresonanz, mediale Aufmerksamkeit und institutionelle Entwicklung.
Hollein ist verheiratet mit der Modedesignerin und Autorin Nina Hollein. Das Paar hat drei Kinder und lebt in Frankfurt am Main.

„Man sollte bloß nicht zu früh auf Punkt X fokussieren, sondern bei Koryphäen Herangehensweisen an Projekte und Prozesse erlernen".

Interview

Wo haben sich für Ihre Karriere die wichtigsten Weichen gestellt?
Zuerst einmal in der Familie. Ich bin in einem kulturellen Kosmos aufgewachsen, was mir als Kind oder Jugendlicher zuerst gar nicht so aufgefallen ist. Im Dialog mit Gleichaltrigen wurde mit bewusst, dass ich nicht nur ein ganz anderes Wissen über Kunst hatte, sondern auch eine andere Perspektive. Die kam dadurch, dass ich die Kunst mit den Augen der Eltern angeschaut habe.
Anders als meine Eltern aber entwickelte ich ein Interesse an wirtschaftlichen Zusammenhängen.

Wie kam es dazu?
Das weiß ich jetzt nicht mehr, vielleicht beim Donald Duck lesen. Wir haben zwar gut gelebt, aber bei einer finanziell immer prekären Situation auf hohem Niveau. Da habe ich mir die Frage gestellt, wie das sein kann bei einem so berühmten Vater, dass der Bankauszug Schulden ausweist und das Ganze immer Spitz auf Knopf steht. Damals habe ich angefangen, mich auch für wirtschaftliche Zusammenhänge zu interessieren und habe später außer Kunstgeschichte auch Betriebswirtschaft studiert.
Die zweite wichtige Weichenstellung für meine spätere Karriere war sicher meine Mitarbeit im Guggenheim Museum in New York.

Warum sind Sie gerade nach New York gegangen?
1992 war das Museum in einer Renovierungsphase, das Haupthaus war geschlossen und kurz vor der Wiedereröffnung. Da war klar, „jetzt sollte man dort ein Praktikum machen, weil da so viel los ist". Ich habe dann mein Studium unterbrochen und es war für mich hoch spannend. Ich hab sehr viel gearbeitet und bekam auch sehr viele Möglichkeiten. Und das Angebot, nach Ende meines Studiums sofort einen Job am Guggenheim Museum zu bekommen, 1995 war es dann so weit.

Sie avancierten rasch zum persönlichen Assistenten von Thomas Krens ...

Ja, nach einem halben Jahr. Da er das Guggenheim relativ pharaonisch geleitet hat, kam ich rasch ins Zentrum der Entscheidungen und hatte natürlich einen tollen Einblick.

Warum ist seine Wahl auf Sie gefallen?

Ich war einerseits nicht einmal Native Speaker – als ich nach New York kam, haben die anderen Mitarbeiter gesagt „Oh, you talk like Arnie", weil ich noch einen starken österreichischen Akzent hatte. Krens wollte jemanden, der clever ist, sehr analytisch, ich war natürlich noch total unerfahren, aber auf der anderen Seite rasch, voll committed und loyal. Wir haben Thanksgiving miteinander verbracht und auch Weihnachten, ich habe eigentlich fast mit ihm gelebt. Wir sind durch die ganze Welt gereist und ich habe alles organisiert. Meine Titel waren später „Chief of Staff" und „Director of European Relations", aber de facto war ich einfach sein Superassistent. Ich habe darauf geschaut, dass die Meetings klappen, aber auch verhandelt und außerdem noch große Projekte vorangetrieben und diese auch intern weitergetragen. Das war eine enorm wichtige Erfahrung.

Wie könnte sich jemand heute bei Ihnen als Assistent profilieren?

Ich finde immer Leute interessant, die in verschiedenen Feldern versucht haben, exzellent zu sein. Ich habe nicht Kulturmanagement studiert, sondern Betriebswirtschaft und dort das Schwierigste. Ich bin ja ausgebildeter Konzernrechnungsleger, obwohl ich nie vorhatte, einmal in dieser Funktion zu arbeiten. Aber man lernt dabei analytisches Arbeiten viel besser zu verstehen, als etwa in einer Spezialisierung auf Tourismus. Im Kunstgeschichtestudium habe ich Fächer bei den besten Professoren gewählt, auch wenn mir deren Themen bisweilen weniger nahe waren; Mittelalterliche Buchmalerei und altniederländische Malerei, einfach weil das die Kerngebiete meiner Professoren waren. Mir ging es hauptsächlich darum, die analytischen Fähigkeiten dieser Leute, die Praxis der Analytik kennenzulernen, weniger die Spezialisierung in einem Fach als die Herangehensweise hat mich interessiert.

Ist das auch ein Auswahlkriterium für Ihre Mitarbeiter?

Mich interessieren Leute, die versuchen Thematiken aufgrund einer gewissen Aufnahmefähigkeit, einer analytischen Fähigkeit, wirklich zu durchdringen. Als Kuratoren stelle ich zum Beispiel auch Soziologen, Historiker oder Kunsthistoriker ein.

Also ist Ihr Karriererat, sich Techniken anzueignen, die multipel einsetzbar sind?

Man soll sich nur ja nicht zu rasch zielgerichtet auf den Punkt X fokussieren, sich sagen „Ok, ich will Marketingleiter im Museum werden, deswegen studiere ich jetzt nur Kulturmarketing und mache sonst nichts anderes. Viel interessanter erscheinen mir Leute, die Offenheit mitbringen, in verschiedene Bereiche gehen, aber da tief eindringen, diese analytisch durchdringen. Für mich wäre ein Kulturmanagement-Lehrgang ein großer Fehler gewesen.

Wer viele Chancen hat, hat auch die Qual der Wahl ...

Eine meiner Fähigkeiten ist es, aus latenter Überforderung zielgerichtete Energie zu entwickeln. Wenn man das Gefühl hat, jetzt schwimmt einem was weg, dann fängt man wirklich an zu fokussieren. Das sehe ich auch bei meinen Mitarbeitern immer wieder. Ich versuche Mitarbeitern immer viel Freiraum und Möglichkeiten zu bieten und dann beobachte ich, wie sie diese Chancen ergreifen, ob sie dabei weiterkommen und die nächsten Stufen oder das Projekt vorantreiben können, oder ob sie in den Optionen untergehen und im Kreis gehen. Das wichtigste ist, mit den interessantesten Koryphäen und Visionären zu arbeiten, um eine Art Technik zu entwickeln, und nicht das „was". Es gilt Orte aufzuspüren, wo wirklich extrem interessante Dinge vorangehen und wo man einen Prozess mit erlernen kann.

Wo würden Sie sich heute umsehen?

Solche Orte findet man derzeit in extenso in der Digital Economy. Von der Thematik her sind ja manche dieser Angebote eher profan wie Wohnungen bei airbnb zu vermieten. Trotzdem gehen die besten Köpfe dorthin, weil es vom Wachstumsprozess und von der Dynamik her jetzt extrem interessant ist. Wenn ich CVs von Kandidaten lese, fällt mir auf, wenn sich jemand gerade zu so einem sehr interessanten Zeitpunkt der Entwicklung bei einem Unternehmen assoziiert hat.

Was wollen Sie in wirtschaftlich so volatilen Zeiten Ihren Kindern mit auf den Karriereweg geben?
Dass sie prinzipiell in ihrer Zeit mit sehr offenen Augen aufwachsen. Wir versuchen unseren Kindern einerseits eine sehr große Selbstständigkeit, eine hohe Aufmerksamkeit und eine hohe Aufnahmefähigkeit mitzugeben. Für mich ist weniger wichtig, ob unsere Kinder Geige spielen können. Die Verführungstechniken der digitalen Medien zu erkennen und zu verstehen – das finde ich wesentlich. Unser zweiter Sohn ist jetzt ganz auf Tischtennis aus und versucht dort mit allen Möglichkeiten besser zu werden, einen Competitive Edge zu bekommen – er schaut sich auch pausenlos auf YouTube Tischtennisfilme an. Ich finde es gut, dass er das so macht. Die klassische Form wäre vielleicht gewesen zu sagen, geh oft zum Training, was er auch macht. Er versucht das Spiel fast ganzheitlich zu begreifen. Nicht nur aus Kompetitivität, sondern auch um das Ganze zu analysieren.

Erleben Sie auch Niederlagen?
Durchaus, ich habe dauernd Enttäuschungen und Ablehnungen bei einem Job wie meinem, der zu einem großen Teil daraus besteht, pausenlos zu versuchen Leute dazu zu verführen, etwas für die Institution, die ich leite, zu tun. Geld zu spenden, einem Werke für Ausstellungen zu leihen, einem gewissermaßen Glanz für Eröffnungen zu beschaffen. Man ist als Museumsdirektor ein permanenter Bittsteller.

Wie stecken Sie Ablehnung weg?
Für mich war dabei diese amerikanische Erfahrung „Do not take no for an answer" sehr wichtig. Man sollte ein „Nein" wie eine Art Aufforderung begreifen, den Dialog weiter fortzusetzen. Mit Niederlagen gehe ich insofern um, als ich sie nicht gleich akzeptiere, sondern immer wieder versuche, den negativen Impuls durch Veränderung von zwei, drei Faktoren in einen durchaus grundlegenden Erfolg zu verwandeln. Das gelingt natürlich auch

nicht immer. Aber ich lasse mich nicht von einem ersten Nein als valide Reaktion auf meine Anfrage erschüttern. Es könnte ja sein, dass mein Gegenüber die Frage nicht richtig verstanden hat.

Und wenn es letztlich gar nicht klappt?
Damit habe ich auch überhaupt kein Problem, bei den vielen Dingen, die wir anstoßen. Etwa aktuell bei unserer digitalen Erweiterung haben wir so viele Projekte angedacht, dass von vornherein klar war, dass sich nur 70 Prozent realisieren lassen würden. Das partielle Scheitern von einzelnen Vorhaben muss man durchaus in Kauf nehmen, weil insgesamt eine viel größere Sache daraus wird.

Die wichtigste Karrierefrage, die man sich mit 40 plus stellen sollte?
Ich bin sehr früh, mit 32 Jahren Direktor geworden in Frankfurt. Bereits nach dem ersten Jahr haben mich die Leute gefragt, wo ich jetzt noch hingehen könnte. Es gab immer wieder Angebote. Ich bin jetzt schon über 14 Jahre in Frankfurt. Für mich war nie das Kriterium, größere, prestigereichere Institutionen in vielleicht noch erstrebenswerteren Städten. In diesen Karrieremodi habe ich nie gedacht. Für mich war und ist es die wichtigste Frage, ob ich mit 40 an einem Ort und in einer Position bin, wo ich etwas Fundamentales bewegen kann, wo ich mit dem, was ich tue, für das Umfeld oder auch die Branche eine wichtige Stimme in der Gesamtdiskussion, wo sich das hinbewegt, sein kann. Wenn die Antwort „nein" ist, dann muss man entweder weggehen und etwas anderes machen oder das, was man macht, auf einer anderen Plattform unter anderen Gegebenheiten weiter versuchen.

Der Ausbruch aus Komfortzonen fällt den meisten Menschen aber sehr schwer …
Wer sich in solchen Situationen nicht verändert, läuft Gefahr, seine Energie zu verlieren und zum Zyniker zu werden.

Der Preis für Ihre Karriere?
Ich mache alles freiwillig und nicht mangels anderer Optionen. Wenn man wesentliche Entscheidungen von einer großen Reichweite treffen können

will, die Relevanz haben, hat das nicht nur mit Verantwortung zu tun und Druck. Das ist aber noch kein Preis, aber manchmal vielleicht auch psychisch ein etwas unangenehmeres Umfeld, als in einer permanenten Phase unbeschwerten Glücks. Klar hat man weniger Zeit und es ist auch hektischer. Aber ich habe einen Beruf, in dem ich selbst über mich entscheiden und den ich auch sehr gut mit einem schönen Leben in Einklang bringen kann. Und der Bereich, in dem ich arbeite, ist natürlich auch unglaublich privilegiert in dem Sinne, dass ich permanent mit den unterschiedlichsten Leuten und Situationen zu tun habe – mit Künstlern, Politikern, Wirtschaftsleuten, großen Sammlern, Journalisten und herausragenden Intellektuellen und Lebenskünstlern.

Was würden Sie aus heutiger Sicht machen, wenn sie nicht mehr Museumsdirektor sein könnten?

Es ist für mich gar nicht sicher, ob ich bis zu meiner Pension Museumsdirektor bleibe. In dem kulturellen und Bildungsbereich sind die Entwicklungen derzeit so mannigfach und interessant und überlappend und hybride, dass gar nicht gesagt ist, dass ein Museum immer die einzige und auch adäquateste Plattform für das Vorantreiben gewisser kultureller Themen ist. Insofern könnte ich mir auch vorstellen, in einem kommerziellen Kultur-, Medien- oder Bildungsbereich tätig zu sein. Wir versuchen neben unserer sehr erfolgreichen klassischen Museumsarbeit, die den Begriff Museum nicht als Institution, sondern als Aufgabe zur Bildung und Vermittlung auffasst, eine ganze Reihe von Projekten über das klassische Museale hinauszugehen. Wir bieten schon jetzt eine ganze Reihe digitaler Kunstvermittlungsformen von Computerspielen für Kinder bis hin zum Kunstgeschichte Online-Kurs.

Das Leben auf den Brettern, die die Welt bedeuten

Viel Licht, viel Schatten: Die Kehrseite eines von außen betrachtet nur mit Glanz und Gloria assoziierten Lebens sind Entbehrungen, Trennungen und ein Ausgeliefertsein, berichtet

Angelika Kirchschlager,
international gefeierte Mezzosopranistin

Biografie

1990, am Beginn dieser Weltkarriere stand zunächst eine Abfuhr: Als die damals 25-jährige Absolventin der Wiener Musikakademie am Stadttheater Klagenfurt ihr erstes entscheidendes Vorsingen hatte, kam es zur klassischen Fehleinschätzung durch das Fachauditorium. Beim nächsten Vorsingen zwei Jahre später an der Oper in Graz schließlich wurde sie entdeckt. 1994 hatte Angelika Kirschschlager ihren ersten Auftritt im Wiener Musikverein. Dem fulminanten Debüt der Mezzosopranistin folgte ein wahrer Eroberungsfeldzug mitten in die Herzen der Kenner und Künstler. Im Sturm eroberte sie in den folgenden Jahren die wichtigsten Bühnen der Welt – von der Mailänder Scala über New Yorks Metropolitan Opera bis zur Wiener Staatsoper – und avancierte im Zusammenspiel mit Ikonen des Belcanto wie etwa Placido Domingo zum Publikumsliebling und zur Wunschbesetzung von Stardirigenten wie Riccardo Muti und Seiji Osawa. 2002 reüssierte sie am Royal Opera House in London in der Weltpremiere von Nicholas Maws Oper „Sophies Choice".
2000, 2005 und 2010 erhielt sie den Echo Klassik-Preis, Die Mozartgemeinde Wien verlieh ihr den Goldenen Mozartring, 2014 wurde sie von der Tagezeitung „Die Presse" in der Kategorie Kulturerbe zur „Österreicherin des Jahres" gewählt.
Die gebürtige Salzburgerin ist auch für so manchen Seitensprung von der E- zur U-Musik und ins Genre des Wiener Lieds bekannt.

„Heute würde ich gar nicht erst Opernsängerin werden, sondern einen anderen Beruf ergreifen."

Was außer der Stimme sind die wichtigsten Karriere-Tools einer Opernsängerin?

Entdecktwerden, das Glück haben, mit den richtigen Leuten zusammenzutreffen, eine Agentur zu finden, die einen unter Vertrag nimmt. Es geht nicht ohne Agenten und die suchen sich ihre Sänger nach sehr objektiven Kriterien aus. Ab dann ist man im Radl.

Die Schattenseiten des Lebens auf den Brettern, die die Welt bedeuten?

Man muss mitmachen und akzeptieren, dass man aus der ersten Reihe heraus gefilmt wird, scheitern ist nicht mehr erlaubt, das zieht im Internet einen Shitstorm mit sich und in den Medien wird man totgeschrieben. Facebook macht es schwerer, Streaming, YouTube, man ist vogelfrei als Person in der Öffentlichkeit, jeder kann einen an den Pranger stellen. Dazu kommt, dass man mit hohen Gagen rechnet, und dann sitzt einem die Steuer im Genick. – Ich bin auf das Musikbusiness nicht gut zu sprechen. Das High Profile-Business widerspricht den Menschen, da werden Sänger zu großen Belastungen ausgesetzt.

2014 haben Sie eine viermonatige Auftrittspause eingelegt. Was ist passiert?

Ich hatte mich etwas überschätzt, mir zu viele neue Projekte vorgenommen, meine Festplatte war übervoll. Meine Stimme hatte noch keinen Schaden genommen, aber als mir Freunde sagten, sie hätten mich noch nie so erschöpft gesehen, habe ich schweren Herzens die nächsten Termine abgesagt und vier Monate lang nichts gesungen.

Laufen die Fans auch gleich zu anderen Stars über?

Mein Opernhaus ist das Theater an der Wien, es ist klein und fein. Ich habe das große Glück, mit meinem Publikum seit mehr als 20 Jahren gewachsen zu sein. Das ist treu, es kommt fast einer Pensionsversicherung nahe.

Was würden Sie heute anders machen, wenn Sie noch einmal am Beginn Ihrer Karriere stünden?

Ich würde gar nicht erst Opernsängerin werden, sondern einen anderen

Beruf ergreifen. Schon allein wegen der ewigen Trennungen, von meiner Familie, von meiner Wohnung, von meinen Freunden, von meinem Bett, von meinen Wurzeln. Ich habe oft am Flughafen geweint, weil mein Sohn in die eine Weltrichtung und ich in die andere geflogen bin. Das ist kein schönes Gefühl. Aber das muss man ebenso durchdrücken wie die vielen Überwindungen und seelischen Belastungen, die sich daraus ergeben, dass man in der Öffentlichkeit steht. Das schafft man einmal, weil man durchhalten muss und immer glaubt, es wird ja eines Tages besser. Aber sehenden Auges würde ich da nicht noch einmal hineinlaufen.

Welche Projekte stehen bei Ihnen in der Rubrik „Karriere neu denken an"?
Ich plane mit Freunden eine Akademie, in der mehr als nur Musik unterrichtet werden soll. Ich bin keine Stimmformerin, es geht mir eher um die Persönlichkeit der Studenten, denen ich helfen will, ihr Potenzial voll zu entfalten. Egal was ich mache, meine Musik muss mehr transportieren als nur das Lied. Hauptausgangspunkt bei meiner Schule ist, dass deren Absolventen einmal als Botschafter einer Menschlichkeit rausgehen.
Ich versuche das Problembewusstsein meines Publikums für alles andere als heile Welten zu schärfen – vom Flüchtlingsdrama bis zu den abgeschlagenen Köpfen der IS. Jeder muss heute Stellung beziehen, außer es geht um die eigene Existenz. Ich denke oft, dass ein Teil der Sponsorenmillionen etwa von Audi dort besser angelegt wären als bei prestigeträchtigen Festspielen.

Anders als viele ihrer Kolleginnen, die Weltkarriere gemacht haben, geben Sie sich weniger als Diva denn als unkomplizierte, stets zu schallendem Lachen aufgelegte Zeitgenossin. Machen Sie sich gar nicht aus dem Starrummel?
Ich nehme meine künstlerische Arbeit sehr ernst, messe dem ganzen Drumherum aber nicht so viel Bedeutung zu. Ich lebe nicht für Singen, sondern brauche das Singen für mein Leben.

Nach dem Studium in die Lehre und dann in die Selbstständigkeit

Dereinst in einem Museum, einer Bibliothek oder einem Archiv zu katalogisieren, konnte sie sich nie vorstellen. Vor der Lehre standen noch neben dem Studium neun Praktika auf dem Karriereweg von

Mag. phil. Gudrit Brigitte Sixl,
Eigentümerin der Buchrestaurierung Sixl

Biografie

Gudrit Sixl, Jahrgang 1975, absolvierte nach der Matura das Kunstgeschichte-Studium an der Karl-Franzens-Universität Graz. Anschließend begann die frischgebackene Frau Mag. phil. in der Buchbinderei Gutmann GmbH in Fernitz bei Graz eine Lehre, die sie 2002 mit ausgezeichnetem Erfolg abschloss. Ein weiteres Jahr später bestand sie die Meisterprüfung „Buchbinder" (inkl. Ausbildnerprüfung) mit ausgezeichnetem Erfolg und wurde 2004 Teilhaberin der Firma Gutmann GmbH (tätig als Handbuchbinderin, Restauratorin und Prokuristin). Seit 2006 ist sie auch Vertragslehrerin an der Landesberufschule 7, Graz: Fachunterricht für den Lehrberuf „Buchbinder" mit Bachelor-Studium an der Pädagogischen Hochschule Steiermark – begleitend zur Berufschule. 2007 erfolgte dann die Gründung der eigenen Buchrestaurierung Sixl. Seit 2008 ist die Unternehmerin auch Meisterprüfer im Beruf „Buchbinder". Schon neben dem Studium absolvierte Sixl neun Praktika in der Steiermark und in Ascona (Schweiz) in Museen, Restaurierungswerkstätten, in einer Galerie und einer Kirche. Dabei lernte sie das Handwerk von der Papierrestaurierung, über Skulpturen- und Gemälderestaurierung bis hin zur Holzkonservierung von der Pieke auf. Die zweifache Mutter leitet das Geschäft gemeinsam mit ihrem Mann. Der ist das Thema Bildung übrigens umgekehrt, aber nicht minder gründlich angegangen.

„Wenn ich heute ein handgeschriebenes Buch aus dem 12. Jahrhundert restaurieren darf, betrachte ich das als großes Privileg."

Was hat Sie bewogen, nach einem abgeschlossenen Studium eine Lehre zu beginnen?
Die Karriereaussichten einer Kunstgeschichtlerin sind begrenzt. Einige meiner Kommilitonen sind projektweise irgendwo in einem Archiv untergekommen, andere gar nirgends. Ich habe mir nie vorstellen können, in einem Museum, einer Bibliothek oder einem Archiv zu katalogisieren. Ich arbeite gerne handwerklich und außerdem reizt es mich Kulturgut zu erhalten.

Wann und wo ist die Liebe zu alten Büchern entstanden?
Ich war immer schon sehr kreativ und wollte ursprünglich mit 15 auf die Kunst-HTL gehen. Die Aufnahmeprüfung habe ich sogar geschafft, bin aber dann doch dem Drängen meiner Mutter, erst einmal Matura und dann ein Studium zu absolvieren, gefolgt. Während des Studiums habe ich unentgeltlich verschiedene Praktika gemacht um herauszufinden, was mich überhaupt interessiert. Beim Papier im Landesarchiv hat es dann so richtig geknistert, da wusste ich, das ist mein Weg, egal wie.

Dann haben Sie die Lehre in der Buchbinderei begonnen ...
Dort habe ich anfangs alles gemacht, von Packerln picken bis Fließbandarbeit. Das Glück war, dass ich dort eben das Buchbinden, das ja heute mein Hauptstandbein ist, erlernte. Wir gehören zu den Kunsthandwerkern.

Sie sind heute eine der ersten Adressen für alte Bücher und beherrschen die Methodik der barocken Buchbinderei ...
Mich hat's immer in die Antiquariate gezogen und wenn ich heute ein handgeschriebenes Buch aus dem 12. Jahrhundert restaurieren darf, betrachte ich das als großes Privileg. Wir sind die Hauptrestoratoren des Zisterzienserstiftes Rein, das eine sehr beachtliche Bibliothek hat.

Sie arbeiten wie vor 300 Jahren, binden Bücher in barocker Handwerkstechnik. Haben Sie vorher den Markt evaluiert, woher nehmen Sie Ihre Kunden?
Stift Rein hat mir noch mein ehemaliger Chef vermittelt. Vor kurzem ha-

ben wir den zweiten Auftrag für die Restaurierung eines Koran – Blattgoldrahmen inklusive – für den König von Marokko erhalten. Wir machen keine Werbung, die Kunden finden via Mundpropaganda zu uns.

Ihr Mann ist ebenfalls in der Geschäftsleitung tätig. Wie verteilen sich die beruflichen und privaten Aufgaben zwischen Ihnen beiden?

Im Privatleben teilen wir was ansteht, partnerschaftlich auf.

Im Geschäft halte ich meist den Kundenkontakt, mein Mann ist viel fürs Know-how zuständig, gerade im kreativen Bereich und was neueste Technologien betrifft.

Haben Sie noch Ausbaupläne, eine Vision für die Zukunft ihres Unternehmens oder soll alles bleiben wie es heute ist?

Vergrößern wollen wir uns nicht. Wir haben drei Teilzeit-Mitarbeiterinnen, von denen eine in Karenz ist. Das geht sich alles wunderbar aus, bei relativ freier Zeiteinteilung, was ja auch essenziell ist, will man Kinder und Beruf vereinbaren.

Neuorientierung 50 plus

Mit 56 Jahren Kurs auf Neuorientierung

Nach 13 Jahren Geschäftsführung einer Bildungsinstitution musste sich der promovierte Jurist wieder um seine Position bewerben. Was er seit damals erlebte, betrachtet der 56-jährige als Learning. Aktuell ist er am Aufbau einer neuen Existenz, die auf seinem intensiven kulturellen Interesse basiert.

Dr. Stefan Götz
bis 2015 Geschäftsführer eines Bildungsunternehmens

Biografie

Der gebürtige Grazer war von 2002 bis 2015 Leiter der Österreichischen Sparkassenakademie, einer Tochtergesellschaft der Erste Bank und den Österreichischen Sparkassen, die Aus- und Weiterbildung sowie Personalentwicklung anbietet. Neben seinem Studium der Rechtswissenschaften an der Karl-Franzens-Universität in Graz, das er 1984 mit der Promotion zum Dr.iur. abschloss, arbeitete Götz im familieneigenen Säge- und Hobelwerk in Kärnten. 1985 heuerte er bei der Anglo-Elementar Versicherungs AG im Rechtsbüro an und avancierte dort drei Jahre später zum Marketingleiter. Die weiteren Karrierestationen führten über den Aufbau des Arbeitskreises der Automobilimporteure 1993 zur Mitgestaltung der EU-Beitrittskampagne, 1996 in die Geschäftsführung der Industriellenvereinigung (IV) Kärnten und 1997 zur IV Wien als Bereichsleiter Personal/Finanzen/Organisation.
Von 2000 BIS 2002 folgte eine Phase der Selbstständigkeit, in der Götz als Personalberater des internationalen Consulting-Unternehmens Ward Howell tätig war und überdies als Geschäftsführer der PEF Privatuniversität für Management fungierte. Der Jurist hat seit 2009 den Executive MBA, Carlson School of Management (University of Minnesota) und Wirtschaftsuniversität Wien und absolvierte von 2013 bis 2014 eine Ausbildung zum Wirtschaftsmediator. Zum Zeitpunkt des Gesprächs befand sich der ehemalige Personalchef, Geschäftsführer und Headhunter in der

Phase der Neuorientierung. Der 56-Jährige ist Vater eines erwachsenen Sohnes aus erster Ehe und seit zwei Jahren zum zweiten Mal verheiratet.

„Work/Life-Balance – diesen Begriff habe ich nie verstanden. Wenn ich soweit komme, dass Work nicht Teil meines Lebens ist, dann hab ich ein Problem dann bin das nicht ich, der diesen Job macht."

Interview

Ihr Geschäftsführer-Vertrag bei den Sparkassen-Akademien wurde im April 2015 nicht ein drittes Mal erneuert. Kam das für Sie überraschend?
Die Umstände der Nichtverlängerung waren etwas gewöhnungsbedürftig. Ich wurde zwar eingeladen, mich nach 13 Jahren Zusammenarbeit nochmals um meine frühere Position zu bewerben, aber es erreichten mich Signale, dass man mich eigentlich dort nicht mehr will. Über externe Umwege habe ich auch erfahren, man sei der Meinung, ich bräuchte den Job eigentlich nicht, da ich ja in Klagenfurt ein Haus hätte. Was mich ebenfalls enttäuscht hat ist, dass keiner der Kuratoren, außer dem stellvertretenden Vorsitzenden, mit denen ich bis zu 13 Jahre zu tun hatte, zum Telefon gegriffen hat, um mir die Entscheidung persönlich mitzuteilen.

Hat Sie die Entscheidung letztendlich doch existenziell bedroht?
Ich hatte mit 4,5 Monaten eine relativ lange Übergangszeit und Erspartes, von dem ich zwei Jahre leben könnte. Die Eigentumswohnung ist abgezahlt, ich bin auf der wirtschaftlichen Seite sehr entspannt. Es steht nicht mehr im Vordergrund möglichst viel Geld heranzuschaffen.

Sondern?
Es geht darum, eine neue Identität zu entwickeln. Ich könnte jetzt erstmals Dinge tun, die mir Spaß machen, Kunst handeln zum Beispiel, oder sie verleihen.

Dennoch schauen Sie sich noch am gehobenen Arbeitsmarkt um. Was ist Ihr USP?
In mehr als 25 Jahre als Führungskraft hat man täglich Konflikte, mensch-

liche und sachliche. Diese Erfahrung und die eigene Lösungskompetenz einzusetzen, macht mir Freude. Zwei Parteien eine Lösung finden lassen, das Begleiten von Führungskräften oder Startup-Gründern, Business Coaching.
Ich habe mir aber vorgenommen, mich mit der Selbstständigkeit nicht unter Zeitdruck zu setzen. Ich möchte versuchen, mir etwas auszusuchen, das ich gerne mache. Das hat den Vorteil, dass ich auch über das Pensionierungsalter hinaus, beruflich aktiv bleiben kann. Hätte ich jetzt einen weiteren Vertrag unterschrieben, wäre ich dann 61. Ich will vielleicht dann einmal etwas weniger tun, Mittwoch Golf spielen, oder ein Buch lesen oder eine Woche länger auswärts sein.

Mehr Work/Life-Balance also?
Diesen Begriff habe ich nie verstanden. Wenn ich soweit komme, dass work nicht Teil meines Lebens ist, dann hab ich ein Problem dann bin das nicht ich, der diesen Job macht.

Wie suchen Sie nach Ihrer neuen Identität?
Ich habe in den vergangenen Monaten, das gemacht, wobei mir die meisten Ideen kommen, ich war zum Beispiel im Fitness Center, am Golfclub, leider zu wenig auf Bergen. Mangels Schnee gab es auch keine Skitouren. Ich habe mit Headhuntern und potenziellen Kooperationspartnern gesprochen und viele Bekannte gefragt, wo sie mich sehen. Ein Prozess, der auch weitergeht.

Fehlt Ihnen der strukturierte Arbeitsalltag?
Ich schiebe nichts vor mir her, aber ich stehe auch nicht mehr um 7 Uhr auf. Zuvor bin ich wegen der Vorbildwirkung immer sehr früh ins Büro gegangen. Ich habe jetzt einen eigenen Rhythmus mit regelmäßigen Terminen und Gesprächsterminen und nehme auch weiterhin geschäftliche Abendtermine wahr. Weil ich immer wieder Unternehmen gewechselt habe, habe ich mein Ego nie aus diesem Job bezogen. Mir geht's nicht schlechter, weil ich nicht mehr Geschäftsführer bin. Ein mächtiger väterlicher Freund hat mir einmal vor Jahren bei einem Frühstück gesagt, wie wichtig es ist, dass man sich auch ohne Business gut als Ich fühlt.

Als ehemaliger Personalentscheider haben Sie ja ausreichend Kontakte zu Personalberatern. Kommen die aktiv auf Sie zu?

Ich hab ein Bild von mir. Das, was ich kann, ist nahezu branchenunabhängig, nicht inhaltlich determiniert.

Jetzt sehen mich aber ganz viele als den Ausbildungsmenschen. Vielleicht ist das eine Altersfrage. Ich bin bereit, in eine andere Branche zu wechseln. Auch einen – Ortswechsel bis wohin, hängt von der Aufgabe ab – schließe ich nicht aus.

Was wäre derzeit ein Traumjob für Sie?

Von einer Geschäftsführung einer Fachhochschule oder anderen höheren Bildungsinstitution angefangen bis hin zum Finanzdirektor einer kulturellen Institution – das Burgtheater zum Beispiel wäre wirklich cool!

Es kamen auch Headhunter mit Jobangeboten im Kulturmanagement auf mich zu. Die habe ich aber in der letzten Runde nicht bekommen, weil mir der spezifische Track-Record fehlt. Ich versuche alles, was ich in den letzten zwei Jahren erlebt habe, als Learning zu nehmen. Es hat auch gute Seiten. Ich habe in dieser Zeit oft darüber nachgedacht, ob ich was anderes machen will. Es ist aber auch schwer, offensiv aus guten Jobs rauszugehen.

Was würden Sie heute anders machen?

Ich hätte schon vier Jahre früher gehen sollen. Rückblickend würde ich jemandem in meiner damaligen Situation raten „geh!"

Eines der Learnings ist, wenn man das Gefühl hat, das ist es nicht mehr, was verändern offensiv oder gleich gehen und dann nicht aussitzen, das ist höchst unbefriedigend.

Ist das nicht auch eine Altersfrage?

Ich selbst hatte als Personaler keine Altersgrenze im Kopf. Für Fachjobs hab ich immer den, der mir am besten erschienen ist, genommen. Da waren auch Ältere dabei. Mit 50 am Abstellgleis – klare Statistiken belegen, wer kommt und wer nicht mehr reinkommt in den Arbeitsmarkt. Für Ältere werden spezielle Kurse angeboten, aber Erfahrene setzen sich nicht mehr mit Frischgefangenen zusammen. Schon allein wegen der Pensionssystemarithmetik ist es wirtschaftlich für die Republik Österreich dringend nötig, Menschen länger im Unternehmen zu halten und für die Unternehmen wäre es gescheit. Junge haben vielleicht neueres Know-how, aber die Kombination verschiedener Generationen macht's wirklich fruchtbar.

Sollten Ältere auf steigende Gehälter verzichten?

Warum werden Ältere aus Unternehmen rausgedrängt? – Wegen des Geldes! Ich bin ein Verfechter der These, dass das Senioritätsprinzip eines der großen Hindernisse ist. Natürlich nimmt jeder das Geld, das er kriegt, aber man könnte im fortgeschrittenen Alter mit weniger Gage aber dafür mehr Lust zum Beispiel Projektbegleitungsaufgaben übernehmen. Was man ohnehin nicht mehr an Ausgaben hat, hat man halt auch nicht mehr als Einnahmen.

Was ist die wichtigste Karrierefrage, die man sich nach dem 40. Geburtstag stellen sollte?

Was möchte ich gerne tun, wie lautet die Geschichte, die ich am Markt dazu erzählen muss. Man muss ein Produkt aus sich machen, das funktioniert nur, wenn es stimmig ist und was es stimmig macht, das muss man herausfinden.

Ich glaube, dass wir gesellschaftspolitisch davon wegkommen müssen, dass die wirklich guten nur die jungen spannkräftigen, durchschlagskräftigen Mitarbeiter sind, die 14 Stunden am Tag mit Freude hackeln. Die Mischung macht den Erfolg aus.

Arbeitszeitmodelle müssen flexibler werden, da ist auch unser Pensionssystem ein gewaltiges Hindernis, wenn man weniger hoch einbezahlte Jahre hat. Das ganze System gehört neu aufgestellt von Pension bis hin zur „Abfertigung alt". Wenn man diese Incentives flexibilitätsfördernd gestaltet, hätten alle mehr davon.

Als fünffache Mutter Teilzeit-Expatriate

Für Karriere muss man die Extrameile gehen, sonst wird man nichts, weiß die Topmanagerin

DI Tina Reisenbichler

bis September 2015 Geschäftsführerin der Monopolverwaltung

Biografie

Die in Wien lebende Geschäftsführerin der Monopolverwaltung GmbH absolvierte das Studium der technischen Mathematik an der Technischen Universität Wien. Erste berufliche Erfolge verzeichnete Reisenbichler mit der Modernisierung des EDV-Bereichs der Arbeiterkammer Niederösterreich/Wien, wo sie in der Zeit von 1994 bis 2000 tätig war. Danach wechselte sie als Verantwortliche für Telekommunikation zum debis Systemhaus, Wien und Österreich, und 2000 zu T-Systems Austria, wo sie unter anderem den osteuropäischen und den Schweizer Markt aufbaute und zuletzt als Mitglied der Geschäftsleitung von T-Systems International Verantwortung für 22 Länder, 350 Mitarbeiter 400 Mio. Euro Umsatz trug. Zu ihren Tätigkeiten zählten Strategieentwicklung und Umsetzung, die Entwicklung des internationalen Services und die
Betreuung großer internationaler Kunden. Nach acht Jahren wechselte die Managerin als Geschäftsführerin Sales & Customer Care zum 1000 Mitarbeiter und 1 Mrd. Euro Umsatz-Unternehmen T- Mobile GesmbH, wo sie Verantwortung für den gesamten direkten und indirekten Vertrieb, Callcenter, Shops T-Mobile und Telering Wien trug. Seit 2010 ist die verheiratete Mutter von fünf Kindern Geschäftsführerin der Monopolverwaltung GmbH. Zum Zeitpunkt der Buchabgabe lief ihr Fünfjahresvertrag aus. Reisenbichler befand sich gerade im Neuorientierungsstadium.

„Als ich meinen Traumjob einmal nicht bekam, habe ich gekündigt. Die Konzernleitung hat mich dann noch in derselben Nacht angerufen und gefragt, was sie tun müsse, damit ich bleibe."

Wann muss man anfangen, Karriere neu zu denken?

Es beginnt damit, was lerne ich, will ich Angestellte bleiben? Mit 30 muss man zumindest ein kleines Team leiten, damit man mit 40 in eine höhere Position kommt.

Wie sind Sie auf die Idee gekommen Technik zu studieren?

Mich hat Technik immer schon fasziniert. Das Einzige, worin ich geglänzt habe als schwere Legasthenikerin, war Mathematik.

Gab es damals schon den Wunsch, es einmal in eine Führungsposition zu bringen?

Ich habe schon in der Schule gerne anderen Mathematik erklärt und früh Lerngruppen gebildet, gleichsam ein Indiz für meinen Hang, etwas zu bewegen. Drei Jahre war ich auch Schulsprecherin. Ich wollte immer im Vordergrund stehen, das muss man früh lernen.

Hinter jedem erfolgreichen Mann steht eine Frau, die ihm den Rücken freihält für seine Karriere. Im Gegensatz dazu haben viele Männer Angst vor Alphafrauen ...

Mein Mann war nie ein Karrieremensch, das hatte den Vorteil, dass ich immer gewusst habe, wie Mitarbeiter denken.

Mein Mann hat die acht Stunden runtergebogen und ist wieder heimgegangen. Für Karriere muss man die Extrameile gehen, sonst wird man nichts.

Sie haben noch vor dem Studium Ihr erstes Kind bekommen. Es wurden dann insgesamt fünf. Würden Sie das heute wieder so machen?

Ich würde es jeder beruflich ambitionierten Frau wieder so empfehlen. Je jünger sie Kinder kriegt, desto einfacher ist vieles. Ich glaube, dass es heute leichter ist, weil man in der Wirtschaft die Notwendigkeit gemischter Teams erkannt hat, Frauen aber viel später Kinder kriegen, und dann entnervt aussteigen. Wenn man als Frau einmal drinnen ist im Management, wird man akzeptiert. Wer erst in späten Jahren, etwa mit 43, Mutter wird, tut sich noch schwerer mit dem Wiedereinstieg als die Jungen.

Kinder und Karriere sind für Männer selbstverständlich. Frauen schaffen das nur mit dem nötigen Kleingeld für eine Nanny oder mit Unterstützung ihrer Familien ...

Ich habe die Organisation im Privatleben gelernt. Ein Netzwerk ist immer wichtig. Ich bin am Anfang nur für die Babysitter arbeiten gegangen. Ich glaube, dass nur einer der beiden Elternteile Karriere machen kann. Es könnte sich jetzt ausgehen; als alle klein waren, wäre schon was auf der Strecke geblieben.

Wann wurden die wichtigsten Weichen in Ihrer Karriere gestellt?

Einmal sicher damit, dass ich in der Arbeiterkammer gelernt habe, wie Politik tickt. 2000, als 39-Jährige habe ich gewusst, wenn ich dort bleibe, werde ich keinen Karriereweg machen. Ich bin dann zunächst zu debis und dann zu T-Systems gegangen, die dann von der Deutschen Telekom gekauft wurde. Dort bin ich zehn Jahre geblieben und habe ausländische Märkte aufgebaut. Dabei bin ich zwei Jahre lang jeden Montag in die Schweiz geflogen und am Donnerstag zurück.

Fünffache Mutter und Teilzeit-Expatriate – wie geht sich das aus?

Die Jüngste war damals 7, die nächste 15 Jahre alt. Die Jüngste ist von den großen Kindern aufgefangen worden.

Karrierefrauen mit Kindern leben fast permanent mit dem Gefühl, sowohl im Beruf als auch als Mutter zu wenig einzubringen ...

Ich habe nie ein schlechtes Gewissen gehabt; vielleicht deshalb, weil mein Mann und ich uns von Anfang an ganz klar committed haben.

Gab es auch Stolpersteine in Ihrem beruflichen Werdegang?

Ich bin immer aufgrund meines Wissens und Könnens und entscheidungsträchtiger Projektarbeit die Karriereleiter hinaufgegangen. Bis auf einmal, als ich meinen Traumjob bei T-Systems nicht bekam. Da habe ich gekündigt. Die Konzernleitung hat mich dann noch in derselben Nacht angerufen und gefragt, was sie tun müsse, damit ich bleibe.

Bei T-Mobile haben Sie eine Karrieredelle hinnehmen müssen. Was ist passiert?

Ich war super, aber ich hab übersehen, dass man bei einem Job wie diesem netzwerken muss. T-Systems war sehr IT-lastig, dort hat man mich einfach nicht in Frage gestellt. Bei T-Systems leitete ich 20 Länder. Bei T-Mobile fand ich mich in einer Gesellschaft wieder, die nur nach SIM-Karten getickt hat. Als ich konstatierte, dass die wunderbare Vervielfachung nicht in einem Monat geht, hat man das nicht gern gehört, auch wenn ich letztlich recht behalten habe. Wenn ich weiß, dass ich die Zahlen nicht erreiche, kann ich es nicht. Ich habe dem damaligen Vorstand nicht immer zugestimmt. Wachstum muss man lange strategisch planen. In so einem Konzern kommt jedes Jahr ein neuer internationaler Chef, der jeweils nur für zwei Jahre bestellt ist.

Ihr Vertrag wurde dann nicht verlängert. Was haben Sie daraus gelernt?

Man müsste, wenn man etwas wirklich unterbringen will, still sein, wenn man auf dem Sessel sitzen bleiben will. Wenn Wachstum an seine Grenzen stößt, muss das von der Spitze her erkannt werden.
Ich war freigestellt von Ende Oktober bis Ende April.

Wie waren die fünf Monate?

Die haben sehr lange geglaubt, dass ich im Konzern bleibe. Dann wollte man mich zurückhaben, aber der damalige Personalchef hat total zu mobben begonnen. Mir hat ein Coach sehr geholfen, der mir sagte, „wer weiß, wofür es gut war, das Beste kommt noch auf dich zu". Und vor dem Einschlafen habe ich mir eine CD von Bernd Freytag vorgespielt, die das Selbstbewusstsein stärkt. Sonst wäre ich in ein Loch gefallen. Letztendlich war mein Frauennetzwerk behilflich bei der Suche nach einem neuen Job.

Ihr Vertrag als Geschäftsführerin der Monopolverwaltung läuft Anfang September aus, Sie befinden sich seit ein paar Wochen auf Neuorientierungskurs. Wie gehen Sie Ihre nächsten Karriereschritte an?

Es melden sich verschiedene Headhunter und ich führe laufend Gespräche, bei denen ich durch die Außensicht auch selbst mehr über mich erfahre. Ich könnte mir auch vorstellen, einmal in ein familiengeführtes Unternehmen zu gehen.

Karrieremachen lernt man nur, indem man den Sprung ins kalte Wasser wagt und schwimmt. Auch mit 40 plus noch. Ich rate jedem Unverfrorenheit, die ich mir bis heute erhalten habe.

In 30 Jahren dreimal verkauft worden und neun Mal Job gewechselt

Wenn Dinge zu Ende sind, muss man weitergehen. Ich hatte allerdings immer einen Plan B, den ich nun wahrscheinlich erst in meiner Pension umsetzen werde, resümiert

Dr. Veronika Zügel
Human Resources Managerin

Biografie

Die promovierte Juristin Veronika Zügel ist heute bei Hilti AG in Liechtenstein als Senior Vice President Human Resources tätig. Im Laufe Ihrer Karriere besuchte sie einige Weiterbildungsakademien, unter anderem die London Business School (Lynda Gratton: HR-strategy-in-transforming-organisation), das IMD Lausanne (Orchestrating Winning Performance), die Deutschen Presse Akademie, Berlin (Ausbildung zum Public Relation & Communication Consultant), die Europäischen Ausbildungsakademie M.O.C. (Ausbildung zum systemischen Coach), sowie das Quality Austria, Vienna (Corporate Social Responsibility).
Ihre Karriere begann Veronika Zügel 1988 als Personalberaterin bei der Catro Management und anschließender Leitung der Tochtergesellschaft Top Executive Search in Wien. Innerhalb der vergangenen 30 Jahre wechselte sie neunmal das Unternehmen:
Ihre Karriere führte sie zu Unternehmen wie McDonalds Central Europe, Wien als Director Human Resources & Licence Manager C.E., Do & Co, Wien als Leiterin Personal, Organisation und Verwaltung, den Aluminium-Konzern Alcoa, Frankfurt, wo sie als Director Human Resources & Communication bereits für mehr als 10 000 Mitarbeiter in vier Business Units verantwortlich war. Von 2007 bis 2010 arbeitete Veronika Zügel als Head of Corporate Human Resources & Corporate Communications für die Constantia Packaging AG in Wien.
Danach machte sie den Sprung über den großen Teich zu DSM Pharmaceutical Products, Parsippany, NJ, USA, wo sie als Vice President Human Resources als Teil des Executive Management Teams der Global Pharma Division of Royal DSM, für vier Business Units weltweit verantwortlich war.

Seit 1.Juni 2015 ist die alleinerziehende Mutter zweier mittlerweile erwachsener Söhne in Liechtenstein tätig.

„Man arbeitet, um etwas zu einem gemeinsamen Erfolg beizutragen. Man muss sich selbst fragen, was ist mein Beitrag in diesem Umfeld wert?"

Interview

Anfang 2015 sind Sie aus den USA nach Österreich zurückgekehrt, ohne einen neuen Job zu haben. Was war passiert?

Royal DSM hat den Bereich Pharmaceutical Products, für welchen ich den Bereich Human Resources & Communication verantwortete, in einen Merger eingebracht; der neue CEO hatte sein Executive Team zwei Jahre vor dem Merger erfolgreich neu besetzt, daher gab es in dem neuen Unternehmen keine adäquate Rolle mehr für mich. DSM bot mir eine sehr interessante Interimsposition an, die allerdings nicht meine Stärken und Interessen ansprach, weshalb ich beschloss, mir eine entsprechende Position selbst zu suchen und die Unternehmensgruppe zu verlassen.

Zu kündigen, ohne einen neuen Job zu haben – noch dazu als Frau, die den 50er bereits erreicht hat, ist extrem mutig, man könnte es auch fast als waghalsig bezeichnen. Haben Sie in den vier Monaten Jobsuche nie die Panik bekommen?

Natürlich ist es ein Risiko, das man entsprechend abwägen muss. Ich habe mich vorher mit Freunden und einem ausgezeichneten Executive-Coach beraten, die mir halfen den Markt und mein Risiko einzuschätzen. Die Triebfeder meiner Entscheidung war, dass ich glaube in einem „Second-best-Job" auch nur „Second-best-Leistung" zu erbringen – die Konsequenz ist dann auch offensichtlich – und dafür ist meine Zeit heute zu wertvoll. Diesen Weg wollte ich nicht gehen. Mein Glück war auch in DSM einen tollen Partner gefunden zu haben, der mich bei der Jobsuche außerordentlich unterstützte – durch weltweite Kontakte und v. a. durch ausgezeichnete Referenzen. Beide haben wir meine Entscheidung bedauert, nichtsdestotrotz, wenn Dinge zu Ende sind, muss man weitergehen.

Ich hatte allerdings immer einen Plan B, den ich nun wahrscheinlich erst in meiner Pension umsetzen werde.

War das Alter in Ihren Gesprächen mit Headhuntern – Sie waren ja selbst Ihr Leben lang Personalentscheiderin – ein Thema?
Ein ausgezeichneter Headhunter hatte mir im Zuge von Interviews gesagt, dass mir klar sein muss, dass mein Alter ein Thema ist. Das hat mich im ersten Moment verletzt, aber es war ehrlich. Meine Antwort an diesen Headhunter war, dass ich an meinem Alter nichts ändern kann und daher auf meine bisherigen Ergebnisse und Vorzüge hinweise. Sicher ist, dass die Headhunter und deren Klienten die richtigen Türen aufmachen, wenn die Persönlichkeiten sie überzeugen.

Unter welchen Umständen würden Sie Gleichaltrigen so einen Sprung ohne Netz empfehlen?
Mergers & Acquisitions bestimmen heute mehr denn je das Wirtschaftsbild beziehungsweise -wachstum. Damit ist klar, dass sehr rasch im Zuge eines Mergers oder einer Akquisition an der Spitze ausgetauscht wird. Ich würde fast sagen „this is the name of the game“ heutzutage. Ich dachte bereits bei Alcoa, dass ich dort in Rente gehen werde – seither wurde ich drei Mal „verkauft“.
Einen Wechsel ohne Job würde ich nur dann raten, wenn man sein Marktumfeld entsprechend einschätzen kann, keine Angst vor dem Risiko hat und Lust, Energie und Offenheit für Neues hat; und vor allem einen Plan B hat, falls es nicht klappen sollte.

Muss man es billiger geben, wenn man im Alter 45 plus Job sucht?
Man arbeitet, um etwas zu einem gemeinsamen Erfolg beizutragen. Man muss sich selbst fragen, was ist mein Beitrag in diesem Umfeld wert? Welchen Spaß und Freude macht es mir, Teil dieses Erfolgs zu sein, und kann und will ich es mir leisten, auch für weniger Entgelt zu arbeiten. Wenn diese Rechnung stimmt, warum nicht? Sicher ist, dass der Markt für 45 plus nicht einfacher wird.

Was sind die wichtigsten Fragen, die man sich mit 40 plus, in der Mitte der eigenen Karriere, stellen sollte?

Schätze ich die Menschen und das Unternehmen, für das ich arbeite? Stimmen die Wertewelten überein? Habe ich die Möglichkeit meine Fähigkeiten einzusetzen und vielleicht sogar auszuschöpfen und vor allem macht mir das, was ich tue, Spaß.

Für mich gilt: „Wenn ich viel gebe, möchte ich als Gegenleistung in diesem Teil meines Lebens persönliche – im Sinne von menschlicher und intellektueller – Weiterentwicklung erfahren."

Patchwork-Karrieren

Als Patchwork-Karrierist mit fünf Visitkarten durch die 70 Stunden-Woche

Einmal im Jahr spekuliert der 25-Jährige mit einer fixen Anstellung, in der restlichen Zeit genießt er gerade die Vielfalt seiner Tätigkeiten und die damit verbundenen Synergiechancen, erzählt

Benedikt Schmidinger
Student, Assistent, Unternehmer

Biografie

Benedikt Schmidinger wurde 1990 in Wels geboren. Er absolvierte das Studium der Kommunikationswirtschaft an der FHWien der WKW und studiert im postgradualen Studiengang Kunst- und Kulturmanagement an der Universität für angewandte Kunst Wien. 2009 erfolgte der Berufseinstieg als Festivalkoordinator und Assistent der Festivalleitung der Klangraum Musikfestivals Niederösterreich. Daneben ist der 25-Jährige in den Agenturen GPK als Konzepter im Bereich der kommunikativen Positionierung von institutionellen und B2B-Marken beschäftigt. Im 2012 gründete er mit zwei Partnerinnen die inhabergeführte „Agentur & Manufaktur Feinripp" in Wien, wo er als Geschäftsführer und Berater im Bereich Marke tätig ist. Die Agentur gründete ein Jahr später zusammen mit einem Partner Österreichs erstes durch Crowdinvesting finanziertes Handwerksunternehmen: Die Firma „Wohnwagon" designt und baut natürliche, autarke und mobile Wohnlösungen aus Holz. Benedikt Schmidinger ist bei „Wohnwagon" Co-Gründer und arbeitet dort als Pressesprecher. Seit April 2014 ist er parallel zu den beruflichen Verpflichtungen Vorstandsmitglied des Austrian Chapters der IAA – International Advertising Association und gewählter Präsident der IAA Young Professionals, der Nachwuchsorganisation der österreichischen Medien-, Kommunikations- und Werbebranche. Seither ist er zudem im Österreichischen Werberat tätig. Schmidinger ist ledig und lebt und arbeitet in Wien und Waidhofen/Ybbs.

„Die Angst vor der Selbstständigkeit ist eine Scheinangst in Österreich."

Interview

Was war Ihr erster Karriereimpuls?

Ich bin in einer Musikerfamilie aufgewachsen. Und typisch für die Generation Y, die alle – und damit wohl zu viele – Möglichkeiten hat, einen echten Traumberuf hatte ich nie. Aber ich wusste immer, was ich nie werden wollte: Musiker nämlich. Dafür waren die Arbeitszeiten, die Entlohnung wohl zu unattraktiv.

Das Musikergen bleibt einem aber natürlich und darum hab ich neben dem Studium an der FHWien der WKW, geringfügig bei den Klangraum Musikfestivals in Niederösterreich als Assistent des Intendanten begonnen. Eine Aufgabe, die ich bis heute wahrnehme.

Was waren die weiteren beruflichen Schritte?

Parallel zur Arbeit im Kulturmanagement habe ich als Praktikant bei GPK, der größten inhabergeführten Below-the-Line-Agentur angefangen. Da wurde dann mein Praktikum immer wieder verlängert, bis sich die Tätigkeit auf eine 40-Stunden-Plus-Woche ausgewachsen hat. Heute arbeite ich dort als Konzepter. Der Kern meiner Tätigkeiten war dann aber die Gründung einer eigenen Werbeagentur mit zwei Partnerinnen. Damals war ich 21 Jahre alt und es war schon sehr aufregend. Ein Jahr später haben wir gemeinsam mit einem Partner Österreichs erstes durch Crowdinvesting finanziertes Handwerksunternehmen gegründet: Wohnwagon, ein energieautarker Wohnwagen ganz aus Holz. Damit sind wir gerade Teil einer sehr dynamischen Start-up-Szene, die sich in Österreich zurzeit etabliert. Zusätzlich erhielt ich die Einladung, auf freiwilliger Basis die Präsidentschaft der IAA Young Professionals, der Nachwuchsorganisation der österreichischen Medien-, Kommunikations- und Werbebranche, zu übernehmen. Diese Vereinstätigkeit rundet mein Portfolio sozusagen ab. – Und es passiert alles zurzeit natürlich parallel. Ich versuche hier in der durchschnittlich 60- oder 70-Stundenwoche immer einen guten Ausgleich zwischen meinen fünf Visitenkarten zu schaffen. Manchmal gelingt das besser, manchmal weniger gut.

Droht Ihnen bei diesem Pensum nicht manchmal ein Burn-out?
Einmal im Jahr hab ich einen depressiven Moment und spekuliere damit, nur noch einen Job zu machen. Heuer habe ich mich um die Marketingleitung einer sehr bekannten Wiener Kulturinstitution beworben. Deren Geschäftsführer hat im Bewerbungsgespräch die Vielseitigkeit meines Portfolios als mangelnde Fokussierung gewertet statt als Vorteil. Ich hätte den Job nach diesem Gespräch auch nicht mehr genommen, selbst wenn ich ihn bekommen hätte.

Was sind die Erfolgszutaten einer Patchwork-Karriere?
Sie gelingt, indem man sie nicht als Belastung, sondern gerade dieses Patchwork als Chance sieht und nutzt. Es gab und gibt unzählige Gelegenheiten, wo der eine Bereich meiner Tätigkeiten, wichtiger Impuls- und Ideengeber für einen anderen Bereich war. Die Problemlösungsstrategien etwa, die man im Kulturmanagement entwickelt, bringen oft sehr viel in der klassischen Unternehmensberatung und umgekehrt, Synergien also. Auch baut man sich in der Vereinstätigkeit im Branchenverband ein großes Netzwerk auf, das dann wieder hilft, wenn man sein Start-up voranbringen will. Ich kann nur jedem empfehlen, viele verschiedene Dinge zu tun, die einen interessieren, und sich viel einzubringen. Von unterschiedlichen Tätigkeitsfeldern profitiert jedes einzelne mehr, als sie durch höhere Anforderungen an Flexibilität, Zeitmanagement, usw. leiden.

Sich in so jungen Jahren selbstständig machen – wie schwierig war das?
Es war herausfordernd. Aber auf alle Fälle der richtige Schritt. Gerade in jungen Jahren, wenn man noch nicht die Verpflichtung zu einer finanziellen Sicherheit – etwa für eine Familie, eine große Wohnung, usw. – eingegangen ist, sollte man die Selbstständigkeit auf jeden Fall wagen. Österreich ist zwar für Unternehmer kein steuerlich attraktives Land, aber auf alle Fälle ein sozial attraktives, in dem man nicht gleich Obdachlosigkeit und Hungertuch befürchten muss. Die Angst vor der Selbstständigkeit ist hierzulande eine Scheinangst. Und zur Not schreibt man – was man als Studienabsolvent sowieso macht – halt wieder Bewerbungen oder baut auf die theoretische Rückkehrmöglichkeit ins „Hotel Mama“.

Welche Vision haben Sie für Ihre nächsten zehn bis 15 Berufsjahre?
Ganz ehrlich? – Das kann ich nicht sagen, das konnte ich noch nie sagen und eigentlich will ich auch nicht darüber nachdenken. Ich habe immer versucht, die Möglichkeiten, die sich mir bieten, zu nutzen, wenn Aufgaben spannend geklungen haben. So ist auch so viel Verschiedenes zusammengekommen. In Management-Seminaren und ähnlichem heißt es oft, man muss in seiner Karriereplanung auf ein bestimmtes Ziel fokussiert sein und dieses dann strategisch angehen. An der Uni hat man uns immer das Ziel vorgegeben, einmal Marketingleiter eines ATX-Unternehmens werden zu können oder ähnliches. Ich glaube nicht, dass eine allzu gezielte „Karriereplanung" heutzutage Sinn macht – ich glaube, man geht mit Scheuklappen durchs Leben, wenn man zu sehr auf ein bestimmtes Ziel aus ist. Dann übersieht man vielleicht, was sich links und rechts von einem tut und welche Möglichkeiten und Chancen sich bieten. Mein Ziel? In zehn Jahren habe ich hoffentlich noch genauso viel Freude an der Arbeit wie heute und darf viele zufriedene Kunden oder Arbeitgeber aufzählen.

Selbstverwirklichung

Signifikante Zäsuren vor großen Veränderungen

Die wichtigsten Karrierefragen: Arbeiten Sie an etwas Sinnvollem mit Leuten, die auf derselben Ebene stehen wie Sie? Arbeiten Sie in einem modernen Kontext, in dem Kollaboration und globale und regionale Vernetzung Programm sind?

Dr. Karl Kleissner
Selfmade-Multimillionär und Impact Investor

Biografie

Der gebürtige Tiroler Karl Kleissner machte im Silicon Valley Karriere. Als Softwareentwickler arbeitete er auch an der Seite von Steve Jobs, unter dessen Ägide er das Betriebssystem OS X mitkreierte. Im Jahr 2002 war Kleissner Chief Technical Officer (CTO) bei dem B2B Softwareentwickler Ariba Inc., wo er ein Team von über 700 Ingenieuren leitete. Nach einem Zerwürfnis mit einem neuen CEO beschloss der Österreicher seinen Ausstieg aus dem Unternehmen, das zu diesem Zeitpunkt einen Börsenwert von mehreren Milliarden Dollar hatte. Kleissner, der eine Beteiligung von 1,75 Prozent hielt, war plötzlich um mehr als 100 Millionen US-Dollar reicher.
Der damals 45-Jährige stellte sich gemeinsam mit seiner Frau Lisa, einer Architektin aus Hawaii, die Frage, warum so viel Geld gerade bei ihnen landete; und die noch wichtigere Frage, nämlich was sie damit tun wollten. Statt 80-Stunden-Wochen hinter dem Schreibtisch landete der Softwareentwickler auf der Yoga-Matte und meditierte. Es folgten ausgedehnte Reisen unter anderem nach Indien. Heute knüpft das Ehepaar Kleissner mit der von ihnen gegründeten KL Felicitas Stiftung, die Sozialunternehmer rund um die Welt unterstützt, ein internationales Netzwerk von Investoren, die ihr Geld umweltverträglich und sozial nachhaltig einsetzen. Als „Impact Investors" (Gutes Tun und damit Geld verdienen) widmen sich Kleissner und seine Frau nun komplett dieser neuen Investitionsform

und der wissenschaftlichen Arbeit auf diesem Gebiet. Sie sind Mitbegründer diverser Netzwerke zu diesem Thema sowie mehrerer unterstützender Einrichtungen (Accelerators) für Sozialunternehmer.
Sie messen den Erfolg ihrer Investitionen nicht nur an Renditen, sondern auch am sozialen und ökologischen Einfluss und Erfolg ihrer Anlagen. Derzeit pendelt die Familie Kleissner – das Paar hat zwei Kinder im Alter von 29 und 31 Jahren – zwischen ihrem Haus an der Küste von Big Sur in der Nähe des Silicon Valley, ihrer Wohnung in Innsbruck und Hawaii. Nächstes Jahr soll Europa Hauptwohnort werden.
Kleissner ist auch gefragter Autor und Gast bei Impact-Investing-Konferenzen und Philanthropen-Foren auf der ganzen Welt. Kleissner ist Mitgründer von Toniic, dem 100% IMPACT Netzwerk, Social-Impact International und des Central European Investment Ready Programms. Aktuell wirkt er auch im Beirat sowie Aufsichtsrat von Standard ImpactAssets, Dasra, Global Impact HUB, Global Social Benefit Incubator und anderen.

„Geld, das keinen guten Zweck erfüllt, ist toxisch."

Interview

Was hat Sie dazu veranlasst, 1986 ins Silicon Valley auszuwandern?
Ich hatte in Wien an der TU Informatik studiert und das Studium mit dem Dipl.-Ing. und dem Dr. techn. abgeschlossen. 1974 lernte ich meine Frau Lisa in Hawaii kennen und wir heirateten 1983. Wir sind ausgewandert, weil wir hier gegen Wände gerannt sind, was die Zulassung meiner Frau als Architektin betraf.
Nach meiner Dissertation arbeitete ich an der Uni und merkte bald, dass ich ein guter, aber kein Weltklasseforscher bin.

Wie fasst man Fuß in der Wiege der Innovation?
Meinen ersten Job im Silicon Valley bekam ich bei HP (Hewlett Packard), wo ich es auch relativ bald zum leitenden Angestellten brachte. Wir wohnten in Los Gatos, einem 100 000 Einwohner-Städtchen in der Nähe von Palo Alto. Unsere Tochter war zwei Monate alt, als wir ausgewandert sind, und wir hatten für acht Jahre Au-pairs aus Österreich.

Ich profilierte mich unter anderem damit, dass ich gut mit den weltbesten Softwareentwicklern, die ja keine Manager sein wollen, reden und sie vertreten konnte. Ich habe nie ihren Beitrag mit meinem verwechselt. Und ich habe bei Digital Equipment gelernt, dass auch Manager gemanagt werden müssen. Damit habe ich meine Karriere super gestartet und mir einen Namen gemacht.

Wie ging es dann weiter?

Meine Frau Lisa hatte inzwischen auch schon eine tolle Karriere hingelegt. Sie zog ein Relocation Service auf, aus dem sich später eine Sieben-Frauen-Company entwickelte.

Nach mehreren Jahren bei HP und Digital Equipment Corp. wechselte ich in die Start-up-Szene.

Ich habe mich entschieden, dass ich zu Steve Jobs, der damals nach seinem Rauswurf bei Apple NeXT gegründet hatte, wechseln werde. Das Unternehmen beschäftigte zu diesem Zeitpunkt 120 Leute. Ich arbeitete dreieinhalb Jahre für Steve. Ein Jahr nachdem ich NeXT verlassen habe, verkaufte Steve NeXT an Apple.

Wie war die Zusammenarbeit mit Steve Jobs?

Ich habe sehr eng mit ihm zusammengearbeitet. Vor jedem größeren Release ist er zu mir ins Büro gekommen, er hat immer auf die Sachen hingewiesen, die nicht super waren, und darauf bestanden, diese zu optimieren. Er hatte ein unheimliches Gefühl für Design, dem wir voll vertraut haben. Steve kam völlig unregelmäßig in die Firma und führte mit viel Emotion und Vision. Ich habe von Steve sehr viel gelernt und möchte die Zeit mit ihm nicht missen.

Nach Stationen bei NeXT und DataMind landeten Sie bei Ariba Inc ...

Das war mein drittes Start-up. Ich habe dort das größte Transaktions-System der Welt gebaut. Wir brachten das Unternehmen 1999 auf den Markt. Mein Anteil betrug 1,75 Prozent, dafür habe ich nach meinem Ausscheiden 100 Mio. US Dollar brutto bekommen.

Was haben Sie während Ihrer Tätigkeit dort jährlich verdient?
Angefangen habe ich dort mit einem Jahresgehalt von 90.000 US-Dollar, was zu diesem Zeitpunkt gerade ausgereicht hat für zwei Autos, die Rückzahlungsraten für das Haus und die Haushaltshilfen. Nach dem Börsengang hatte ich dann ein Jahresgehalt von mehreren Hunderttausend Dollar.

Wie viel haben Sie damals gearbeitet?
Rund 80 bis 100 Stunden pro Woche. Einmal im Quartal machten wir mit der Familie eine Woche Urlaub.

Warum haben Sie sich von dem Unternehmen, das es in fünf Jahren von Null auf 1 Mrd. US-Dollar Marktwert gebracht hatte, getrennt?
2001 wurde der CEO von Ariba ausgewechselt. Nach der ersten Finanzmarktkrise ist unser Marktwert stark gesunken. Ich musste ein ganzes Team von 150 Leuten entlassen, trotzdem war mein commitment immer noch sehr groß. Mit Intrigen wollte ich mich allerdings nicht beschäftigen – für mich muss eine Beziehung auf Vertrauen aufgebaut sein. Als ich mitbekam, dass der neue CEO Larry Mueller hinterrücks an meinem Sessel sägte, habe ich mich entschieden, das Unternehmen zu verlassen.

Wie sind Sie mit den Folgen der Entscheidung – reich, aber nicht mehr einflussreich zu sein – fertig geworden?
Zunächst habe ich geweint. Schließlich habe ich Ariba als mein Baby betrachtet. Aber ich habe mich immer schon selbst von außen beobachtet, meine Position nie verwechselt mit dem, der ich wirklich bin. Und zu den Ingredienzien, die mich ausmachen, gehören Integrität, Mut zu Veränderung und Freude am Leben. Ich war damals 45 Jahre alt, Karriere habe ich zwischen meinem 30. und 45. Lebensjahr gemacht, also ein Drittel meines damaligen Lebens und ich habe dann ein halbes Jahr gebraucht, um innerlich alles aufzuräumen. Als sehr erfolgreicher Manager glaubt man ja, man hat alle Resultate im Griff. Existenzsorgen musste ich mir zumindest keine machen, schließlich bekam ich gleich viele Angebote.

Statt eines davon anzunehmen, nahmen Sie eine längere Auszeit …
Ich reflektierte unter anderem durch Meditation, mit der ich schon im Jahr 2001 begonnen habe. Gemeinsam mit meiner Frau beschäftigte ich mich mit der Frage nach dem Sinn von Reichtum und warum die 100 Millionen gerade bei uns gelandet waren und nicht bei anderen ähnlich intelligenten Menschen. Wir sind schnell zu der Überzeugung gelangt, dass dieses Kapital nur dazu gut sein kann, einen positiven Beitrag zu Weltverbesserung zu leisten. Geld, das keinen guten Zweck hat, ist toxisch.

Das klingt aufs Erste ziemlich spirituell …
Ich hatte schon sehr früh eine außerkörperliche Erfahrung. Mit 21 Jahren war ich einmal zur Ramadan-Zeit allein in Tunesien. Beim Ausruhen in einer einfachen Herberge habe ich mich plötzlich von außen wahrgenommen und mir überlegt, wie ich wieder in mich hineinkomme. Dabei wurde mir bewusst, dass ich nicht mein Körper bin. Man kann übrigens das Hirn trainieren, mehr von außen zu sehen.

Welche Projekte fördern Sie jetzt mit Ihrer Stiftung, für die Sie 70 Prozent Ihres Kapitals einsetzen?
Wir fördern soziale Unternehmer und Unternehmen auf der ganzen Welt. Inhaltlich geht es zum Beispiel um Armutsbekämpfung, Gesundheitsvorsorge und Klimawandel. Und wir leisten Überzeugungsarbeit in Bezug auf „Impact Investing".

Was sind für Sie die wichtigsten Karrierefragen?
Arbeiten Sie an etwas Sinnvollem mit Leuten, die auf derselben Ebene stehen wie Sie?
Arbeiten Sie in einem modernen Kontext, in dem Kollaboration und globale und regionale Vernetzung Programm sind?
Die alte Welt wehrt sich gegen neue Businessmodelle wie zum Beispiel airbnb und Uber mit veralteten Methoden, etwa der Drohung „dann schick' ich euch meinen Anwalt". Inzwischen sind aber die Jungen längst in der Sharing-, der Circular- und der Co-created Economy unterwegs.
Die Menschheit ist momentan drauf und dran sich selbst zu zerstören. Manchmal ist eine signifikante Zäsur notwendig, um große Verände-

rungen herbeizuführen. Obwohl die nächsten paar Jahrzehnte nicht sehr leicht sein werden, habe ich mich entschlossen, an den neuen nachhaltigen Systemen zu arbeiten, diese auch konkret vorzudenken und vorzubereiten. Darin sehe ich momentan meinen Lebenszweck.

Akteure auf dem Arbeitsmarkt

Die Vermessung des eigenen unternehmerischen Kraftfelds.
Nicht jeder hat das nötige Rüstzeug, um Unternehmer zu werden. Vielen mangelt es an der Geschäftsidee, nur wenige haben das nötige Kapital oder Business Angels an der Hand, die es beschaffen können.
Auch kaufmännisches Wissen, Führung von Menschen und Vernetzung, die Bereitschaft, selbst und ständig zu arbeiten, wie Unternehmer den Begriff Selbstständigkeit gern übersetzen, ist nicht jedem gegeben. Was aber allen zeitgenössischen Erwerbstätigen zu empfehlen ist, ist unternehmerisches Denken in eigener Sache. „Karriere neu denken" heißt, sich selbst nicht als Objekt, sondern als Akteur des Arbeitsmarktes zu verstehen, zum Entrepreneur in eigener Sache zu werden. Dazu gehört Klarheit über die eigenen Kernkompetenzen, die Ausarbeitung eines Selbstprofils mit unverwechselbarem USP, genaue Marktkenntnis – also das Wissen, welche Unternehmen exakt diese Qualifikationen wo wertschöpfend einsetzen können.
Darüber hinaus gilt es, neben der Frage, ob man mit der aktuellen Gage zufrieden ist, sich die gleich wichtige zu stellen – nämlich ob man verdient, was man kriegt.
Wenn alles passt, ist es an der Zeit, als PR-Agent des „Unternehmens Ich" aktiv zu werden – mit einer sinnvollen Kommunikationsstrategie und Nutzung aller relevanten Kanäle, von Beiträgen in Fachmagazinen über Vorträge bei Veranstaltungen bis Social Media. Das klingt nach viel Arbeit. Ist es auch! In einer Weise ebenso beruhigend wie beunruhigend ist die Tatsache, dass Ich-Entrepreneure nie arbeitslos werden. Denn „die Geschäftsführung des eigenen Lebens erlischt erst mit dem Tod", schreibt der deutsche Soziologe Ulrich Bröckling in seinem Buch „Das unternehmerische Selbst".

Sandra Baierl/Teresa Richter-Trummer: Der Was-willst-werden-Ratgeber, Linde Verlag, 2015

Dagmar Deckstein: Klasse!: Die wundersame Welt der Manager, Murmann Verlag, 2009

Tom Diesbrock: Ihr Pferd ist tot? Steigen Sie ab!, Campus Verlag, 2011

Lynda Gratton: „Job Future – Future Jobs, Wie wir von der neuen Arbeitswelt profitieren, Hanser Verlag, 2012

Jürgen Hesse/Hans Christian Schrader: Entdecken Sie Ihre Fähigkeiten und wählen Sie den Job, der zu Ihnen passt, Stark Verlag, 2012

Matthias Horx: Zukunft wagen. Über den klugen Umgang mit dem Unvorhersehbaren, Deutsche Verlagsanstalt, 2013

Christoph Keese: Silicon Valley. Was aus dem mächtigsten Tal der Welt auf uns zukommt, Verlag Knaus, 2014

Werner Lanthaler, Johanna Zugmann: Die ICH-Aktie, FAZ Verlag, 2000

Gabriele Lehner: „Aufsicht ist weiblich? Neue Wege zum Unternehmenserfolg", MANZ Verlag Wien, 2011

Georg Pölzl: Erfolgreiche Unternehmensführung, 111 Konzepte, die Sie kennen sollten, Wien, 2015

Sonja Spitzer, Christina Wieser: „Frauen.Management.Report.2015

Frauen in Geschäftsführung und Aufsichtsrat in den Top 200 und börsennotierten Unternehmen, Kammer für Arbeiter und Angestellte für Wien

Stiftung Produktive Schweiz [Hg.]: Die Zukunft des Arbeitens – Ein Trendreport, Studienpartner, GDI Gottlieb Duttweiler Institute

Beate Westphal: Das Job-Patchwork-Buch: Kreativität. Freiheit. Selbstverwirklichung, Campus Verlag, 2014

Johanna Zugmann: Karriereplan Wien, Falter Verlag, 2002

Johanna Zugmann: Bewerbungsberater Österreich. Die Kunst der kreativen Stellensuche., Ueberreuter Verlag, 2003

Zukunftsinstitut Österreich Gmbh: Megatrend Globalisierung, http://www.zukunftsinstitut.de/artikel/megatrend-map-die-facetten-der-globalisierung/